La vérité sur Édouard Philippe

DU MÊME AUTEUR

La Vérité sur le mystère Fillon, Plon, 2020

Tugdual Denis

La vérité sur Édouard Philippe

Robert Laffont

ISBN 978-2-221-25389-2
Dépôt légal : septembre 2021
Éditions Robert Laffont – 92, avenue de France 75013 Paris

À Gaspard, un sacré malabar.

L'affaire

« Comment ça va ? »

1er septembre 2020, 11 heures. Une voix chaude, souriante, au bord d'une imitation indéfinie, pose une question qui en cet instant n'a rien de banal. Je n'ai reconnu ni le numéro ni celui qui me parle, mais je réponds ce que je ressens.

« Mal. »

Mal, parce que nous sommes mardi matin et que depuis dimanche les jours sont des cauchemars dont seul le sommeil fait cesser la nuisance. Mon corps me suit et mon esprit marche devant, éminemment inquiet. La nuit, je me réveille pas moins d'une dizaine de fois. Il se passe quelques courtes secondes où, assis sur le rebord de mon lit, je me situe entre deux rives. Puis le présent apparaît distinctement. Affaire Obono. *Valeurs actuelles* dans la tempête. Horrible *bad buzz*. Centaines de notifications mortelles sur Twitter. De la gêne. Une souffrance.

Dans notre numéro double du mois d'août, nous avons publié un texte de fiction embarrassant, où la députée mélenchoniste Danièle Obono joue le rôle d'une personnalité contemporaine transposée au temps de l'esclavage interafricain. Un récit pour montrer l'absurdité des thèses indigénistes. Raté. Ce texte n'a pour moi rien de raciste ; mes collègues ne le sont pas. Mais je nierai avec peine, en le lisant, son caractère pervers. Des paragraphes clochent. Dans le masochisme consistant à guetter, parmi les milliers de réactions indignées, la charge qui sonnera juste, le message posté sur les réseaux sociaux par le ministre de la Justice, Éric Dupond-Moretti, l'emporte à mes yeux embués. « On est libre d'écrire un roman nauséabond, dans les limites fixées par la loi. On est libre aussi de le détester. »

Danièle Obono, en tant que femme et en tant que Noire, s'est sentie souillée. Si son positionnement politique m'atterre, ses ressentis méritent l'attention. Mais l'hallali lancé le vendredi 28 août a peu à voir avec elle, il est celui d'une époque. Un temps barbare, sans préceptes et sans foi, qui hurle, brûle, et se repaît. Le monde d'aujourd'hui se nourrit de damnés, et il fallait bien que *Valeurs actuelles*, avec sa ligne de coupable, finisse au milieu du brasier, devant la foule conviée.

Le procès Obono confirmera cette intuition. Il se déroule le 23 juin 2021 au palais de justice de Paris. Digne, cultivé, poli, Laurent, le journaliste auteur du texte, s'explique devant le tribunal. Geoffroy intervient également à la barre pour justifier la ligne du journal. En face, les avocats des parties civiles affichent leur dégoût pour nous. Le conseil de SOS Racisme fait remarquer, en désignant les bancs du public où mes collègues et moi-même sommes assis, que seuls des Blancs ont pris place. Il n'est plus question de la députée France Insoumise, mais de notre existence professionnelle, le choix de nos couvertures, le teint de nos visages et la marque de notre éducation. Pas de doute, ces gens-là nous haïssent. Je le vis en apprenti ethnologue du sectarisme. Blessé, laminé et pourtant plus serein qu'au départ du feu.

Nous sommes aux alentours de 19 heures le vendredi 28 août 2020 quand Geoffroy Lejeune, mon ami, mon directeur, m'appelle pour me signaler un tweet « en train de prendre ». Un compte peu suivi publie le PDF de notre uchronie, dessins compris. Des comptes plus importants vont le reprendre, isolant un des croquis ou quelques phrases pour mieux zoomer sur l'erreur. À 19 h 03, un pote du *Monde* m'envoie un SMS que j'ai du mal à contredire : « En lisant, je te le dis sincèrement, j'étais très mal à l'aise. »

À 19 h 30, j'envoie un texto à Danièle Obono, dont j'ai le numéro, mais qui ne me connaît pas. Je devine l'inanité de mes mots. « Bonsoir madame », « nous récusons », « libre à chacun », « je voulais par courtoisie et par politesse vous préciser que ». Bref, ça ne change rien.

À minuit, un message privé d'une copine de BFM me laisse présager que l'impact va malheureusement dépasser le cadre professionnel. Après m'avoir indiqué à quel point notre texte lui paraît « profondément pitoyable », elle conclut d'un : « Vraiment, vraiment, je me demande comment tu peux avoir envie d'élever ton enfant dans la société que ton journal contribue à façonner. » Sur mon smartphone, dès la soirée du 28 août, le nombre grandissant de partages, l'utilisation systématique des points d'exclamation, la variété des émissaires, l'unanimité absolue, l'absence de contradicteurs, tuent tout suspens : Twitter siffle la fin de l'été.

La saison avait bien commencé, avec la publication en juin de mon premier livre, une tentative de réhabilitation de François Fillon. J'ai même eu droit, en août, à un mot manuscrit du président de la République, qui y a lu « beaucoup de choses sensibles ». La rentrée tourne au naufrage avant d'avoir été décrétée. Ce vendredi soir, je me couche sans illusion : on coule. Le lendemain matin se succèdent, entre plateaux et réseaux sociaux, des réactions de l'ancien ministre de l'Intérieur Christophe Castaner, évoquant le « racisme ordinaire d'un journal prétendu d'opinion », de son successeur, Gérald Darmanin, et de centaines d'autres responsables politiques, journalistes et influenceurs en tout genre. Oui, des centaines. De Jean-Luc Mélenchon à un triste cadre du Rassemblement national.

Je dois partir à un anniversaire en banlieue est de Paris et Geoffroy a rendez-vous à la banque pour un prêt immobilier. Pendant quelques jours, une partie de nous-même fera semblant de respecter mécaniquement son agenda, tandis que l'autre se consumera sans fin dans l'acide de l'affaire. En milieu de matinée, sur les recommandations de Charles Villeneuve, qui préside notre comité éditorial, j'appelle Sylvain Fort, un ancien conseiller d'Emmanuel Macron retiré à Londres. Je le connais un peu, il m'aide beaucoup. La communication de crise fait partie de ses talents. Nous discutons. À défaut de pouvoir m'évader du réel, ces minutes de parloir font du bien.

J'arrive à l'anniversaire, sonné, minable. Je rédige sur l'application Notes de mon iPhone un communiqué que je soumets à Geoffroy. Il contient des excuses, ce qui nous sera reproché par nos soutiens belliqueux. Désolé pour eux, on a reçu une certaine éducation. Nous le publions sur Twitter. À 12 h 28, le Premier ministre Jean Castex statue : « Cette publication révoltante appelle une condamnation sans ambiguïté. »

Un ancien collègue du *Point* et une connaissance du *Parisien* m'appellent. Au téléphone, je devine leur regard, celui d'un maître qui accompagne son animal de compagnie se faire piquer chez le vétérinaire. Au loin, dans le jardin, des gens chantent autour d'un gâteau. France Info en ligne, je me dois d'écouter le journal avant que ce soit mon tour à l'antenne. Je crois entendre les mots « raciste » et « racisme » trente fois. Puis BFM, où j'ai la chance de me rendre souvent pour commenter l'actualité, en duplex via un FaceTime. Derrière moi, des poutres en bois qui semblent me localiser dans un chalet champêtre et décalé. Toujours pas de message de soutien sur les réseaux sociaux, hormis l'eurodéputée Nadine Morano et l'avocat Gilles-William Goldnadel. Je vois des confrères du *Figaro* liker des tweets qui décrivent *Valeurs actuelles* comme un « torchon ». Ceux de *Marianne*, nos cousins de gauche sur les sujets identitaires, tonnent en chœur leur différence et leur dégoût.

Nous repartons de l'anniversaire. Dans la voiture, mon fils de quatorze mois s'endort, quand la radio indique qu'Emmanuel Macron, « fait savoir l'Élysée », a appelé Danièle Obono pour lui exprimer son soutien et condamner fermement notre publication.

Le samedi soir, à 21 h 30, une collègue d'un précédent journal, dont j'ai partagé le bureau, que j'admire, et pour qui j'ai même des sentiments affectueux, m'envoie ce premier SMS : « Je n'aime pas Obono, ni ses idées ni la gauche bien-pensante, mais ce que vous avez publié m'inspire un immense dégoût – pour être honnête, une immense envie de gerber. » Je lui réplique que je viens de vivre la pire journée de ma vie professionnelle et peut-être même de ma vie tout court. Que je comprends tout à fait sa répulsion. Elle attaque de plus belle : « Ce n'est pas une erreur, c'est une faute professionnelle. Ce n'est pas une fiction malaisante, c'est une grosse merde raciste, et j'aimerais, sans y croire, qu'un journal qui a publié ça ne s'en remette jamais. » Le coup de grâce : « Je suis heureuse que ce soit l'une des pires journées de ta vie. Ça le mérite. »

Une heure avant ces SMS, Geoffroy honore l'invitation à aller s'immoler en direct sur le plateau de BFM. Juste après la première réaction, en duplex et en exclusivité, de Danièle Obono, devenue en un jour la femme la plus soutenue de France. À la télévision, les épaules basses de Geoffroy et son sweat à capuche sont des suppliques pour que le bourreau fasse son œuvre. Le directeur de la rédaction de notre journal s'apprête à passer trois semaines avec des gardes du corps.

Le lendemain dimanche, j'ai rendez-vous avec mon filleul et sa petite sœur au parc Astérix. J'en pleurerais de paradoxe, et c'est d'ailleurs ce qui m'arrive dans quelques files d'attente. Le reste du temps, je subis les à-coups des *roller coasters* en pensant à notre journal sous la mitraille. Je tourne la tête en souriant artificiellement quand mon filleul de douze ans me regarde. Il me dit que ça va aller. Même lui en a entendu parler.

Le dimanche soir, je me rends chez Geoffroy avec mon ordinateur portable. Devant un carpaccio et des Corona, nous faisons semblant d'avoir un plan de rebond sur dix ans. On écrit une stratégie sur un Google Doc que nous ne rouvrirons jamais. Il faut tenir pour ne pas défaillir, il faut tenir pour que son épouse, teint de porcelaine et démarche fragilisée quand elle va et vient dans la pièce, tienne également.

La mort sociale rôde sans même nous toiser. Nous sommes déjà au sol. Geoffroy dira, plusieurs jours après : « On est sortis de la tranchée en caleçon. » Une certitude : il fait très froid.

Le lundi matin, sur BFMTV, j'accepte un duplex avec le député Insoumis Éric Coquerel, dans l'émission de Bruce Toussaint. Avec son visage qui inspire l'amitié, ce journaliste que j'apprécie me renverse d'une question prononcée de plus en plus lentement : « Tugdual Denis, est-ce que vous êtes un militant d'extrême droite ? » Je tremble.

Pendant plusieurs jours, on a dit à Geoffroy et à moi exactement l'inverse de ce que nous espérions quant à la réputation du journal. Et ce qui se passe valide à outrance ce que mes amis d'enfance hostiles à *Valeurs actuelles* redoutaient en me voyant choisir cet hebdomadaire honni. *In fine*, cette épreuve nous a construits.

Je n'en sais toujours pas plus sur la personne qui m'appelle ce mardi 1er septembre.

« Pardon, mais qui est-ce ? »

Une demi-seconde de silence pour démultiplier l'effet, et mon interlocuteur répond :

« C'est Édouard Philippe. »

Il y aurait plein de choses à dire pour enchaîner, mais comme je me contente dans un premier temps d'un « Mais nan… », il poursuit :

« Vous prenez cher… Oh la vache, comme vous prenez cher. »

Il résume la séquence à ma place : nous avons fait une connerie, nous nous sommes excusés, le communiqué était très bien. Il n'y a que ceux qui ne font rien qui ne font jamais de conneries. Et ceux qui profitent du fait que nous sommes à terre pour nous donner un coup de plus, eh bien rassurez-vous, ce sont des connards. D'ailleurs, les gens ont lu ce qu'ils voulaient lire. « Vous verrez, promet-il, ça passera plus vite que vous ne le pensez. D'ailleurs, quand ce sera terminé, vous serez vous-même surpris de vous faire la remarque : ça y est, c'est terminé. Maintenant, continuez à travailler. *Valeurs actuelles*, ce n'est certes pas ma tasse de thé, mais vous avez le droit d'exister».

Je le remercie, sincèrement, et lui demande comment il va.

«Ah bah moi, bien : quand vous sortez de la lessiveuse, tout roule… !»

Il prend des nouvelles des Fillon. Ce matin du 1er septembre, François m'a justement envoyé un SMS après avoir écouté une interview de Gabriel Attal sur France Info. Il était demandé au porte-parole du gouvernement si, dans ces conditions, il fallait continuer de s'adresser à *Valeurs actuelles*. Attal, solide dans son refus de nous exécuter, ne prononce pas le «non» espéré par son intervieweur. Dans son texto, François Fillon se cabre contre les journalistes qui «ont franchi un seuil dans l'intolérance, incitant à la mise à l'index de VA». En lisant la phrase finale, j'entends distinctement sa voix la prononcer : «Les espaces démocratiques se réduisent dangereusement.»

Au téléphone, Édouard Philippe s'enquiert de Penelope. Elle a passé un bon été après le procès. Parce qu'il y a à nouveau eu ces vacances en Toscane, avec ses enfants, ces soirées où chacun à tour de rôle prépare le dîner pour tout le monde – mention spéciale au lapin d'Antoine. Mais surtout parce que ces fichues et interminables audiences au tribunal sont passées. Elle ne connaît pas encore la date de l'appel au moment où nous buvons un Coca Zero rue Cler, quelques jours plus tard. Je lui rapporte les prévenances du maire du Havre. Ni jamais dupe ni jamais blasée, elle est surprise et touchée. Adorable quant à l'affaire Obono : elle a une petite idée de ce que peut représenter un feu de critiques, et me rassure.

Cette affaire, pour moi, constitue une bascule. Elle n'a pas substantiellement modifié ma vie professionnelle, mais ma vie personnelle vole en éclats. Une de mes meilleures amies d'enfance y va de son long e-mail de rupture. Ses « valeurs » ne sont pas compatibles avec mon travail. Elle conclut « Bonne route » pour solder vingt ans d'amitié. Un temps, grâce à la publicité des chaînes d'information, je dépose mon fils à la crèche dans le corps d'un papa raciste. Et Valentine, en larmes sur les trajets retour, comme l'épouse de ce raciste. Quand, des mois plus tard, on me fait remarquer que tout est terminé, je ressens de mon côté que l'appréhension survit à l'agression.

Forcément, ce coup de fil d'Édouard Philippe compte triple. De par la conjonction entre notre degré de proximité (à l'époque quasi nul), le moment précis où je décroche, et son statut. Quand j'étais petit, ma mère répétait toujours que son deuxième fils n'aimait pas le conflit. Je n'ai pas choisi la meilleure voie pour m'en préserver. Philippe, lui, déteste les meutes, les lynchages. « C'est aussi pour ça que j'aime le droit : il protège des phénomènes de foule, y compris contre un type coupable, ou qui s'est planté. »

Nous en avons reparlé au moment de l'affaire Duhamel. La belle-fille du politologue Olivier Duhamel révèle dans un livre les agissements pédophiles et incestueux de son beau-père. Curieux retournement de situation pour cet homme régnant jusque-là sur les dîners mondains du club Le Siècle, hautain, toujours entre deux vins, et désagréable à souhait avec les journalistes de *Valeurs actuelles* qu'il croise sur les plateaux de télévision. Pendant plusieurs semaines, la matraque des médias coagulés frappe ce coupable, frappe encore, frappe toujours, et inspecte tout ce qui l'entoure. Olivier Duhamel préside la fondation de Sciences Po, établissement dont le directeur, Frédéric Mion, qui finira par démissionner, est l'un des meilleurs amis d'Édouard Philippe – et même le parrain de l'un de ses enfants.

Frédéric Mion s'embrouille dans sa communication. À la question subsidiaire – qui savait ? – à laquelle chacun doit répondre après la découverte de l'inceste pédophile de Duhamel commis sur son beau-fils, ses réponses se contredisent. Il devient l'un des chassés. Il finit par se retirer.

Comme ami, Édouard Philippe appelle presque tous les jours Frédéric Mion, plus encore à mesure que l'étau se resserre. Il bout quand il voit les syllogismes affleurer au bord des lèvres de certains journalistes : si Mion est ami avec Duhamel, et que Philippe est ami avec Mion, alors…

Sur LCI, le philosophe Alain Finkielkraut plonge dans une mise en abyme phénoménale. Il évoque le film de Fritz Lang, *M le maudit*, qui raconte l'histoire d'un meurtrier pourchassé par toute une ville, puis victime, si l'on peut dire, d'un procès fantoche. Il conclut : « Notre époque fabrique un M le maudit par semaine. » Le soir même, Finkielkraut est viré.

Édouard Philippe déteste quand les journalistes jouent aux policiers et les réseaux sociaux aux tribunaux. Comme lui, j'espère ardemment faire partie de ceux qui iront visiter, y compris après avoir trouvé juste la condamnation, un ami en prison.

Demain plus loin

Il court. Les épaules couvertes d'un sweat à capuche acheté sur le Charles-de-Gaulle – les porte-avions sont si grands qu'on y trouve des boutiques. Il court, et je peine à suivre ses longues jambes. Vingt centimètres de taille et, parfois, des kilomètres idéologiques nous séparent. Il court, je le suis. Il court, j'aimerais en savoir plus sur lui.

Sur le chemin du retour, une fois atteint le bout de la jetée, s'observe la silhouette détourée du Havre. Se détachent les immeubles modernes du bord de mer, le haut clocher de l'église Saint-Joseph, construite par Auguste Perret. Bientôt, on abattra les deux tours de la centrale électrique. Elles servaient d'amer à Édouard Philippe quand, enfant, il apprenait la voile. Monsieur le maire court le long du rivage et, dans le regard des habitants, on ne saurait distinguer l'ancien Premier ministre d'un futur président.

Il a quitté le 3 juillet 2020 l'hôtel de Matignon, à la fois populaire et inconnu. On ne connaît ni ses goûts, ni ses idées, ni ses émotions, ni ses aversions. « Fillon était un mystère, Philippe devient un fantasme », découvre

Vincent Trémolet de Villers, le directeur adjoint du *Figaro*, lors d'un déjeuner au Coucou. Le fantasme présuppose un univers auquel on n'a pas accès, et que je souhaiterais restituer. Le fantasme induit une fragilité : celle d'un fruit désiré, à condition de ne pas être consommé.

Avec Emmanuel Macron, il forme pendant trois ans un tandem sans ombrage, qui pense utiliser sans discontinuer un marteau-piqueur contre les clivages. « Oui, on a tout cassé », confirme Édouard Philippe au sujet des partis classiques. Au terme de cette décomposition politique sans fin, quel est, à lui, son projet ?

Me voici en train d'accélérer avec lui. Avec eux. Édouard Philippe court accompagné d'un officier de sécurité et de son directeur de cabinet. Le premier, Alex, a préféré renoncer à sa prime de Matignon et à la vie à Paris pour suivre son patron. Le second, Mohamed Hamrouni, fils d'une figure de la résistance à l'autocrate tunisien Ben Ali, a déménagé aussi. On passe en petites foulées devant son nouvel appartement. Depuis le salon, une large vitre donnant sur l'horizon fait office de télévision.

Quand on fait de la politique, on a toujours besoin d'un garçon comme Mohamed Hamrouni. Célibataire ayant fait vœu de corvéabilité, Mohamed ne se vit pas comme un copain, contrairement aux autres proches officiels. Édouard Philippe l'appelle « Momo », mais il le vouvoie. Mohamed l'appelle « monsieur », et c'est lui qui a refusé le tutoiement. Après le deuxième tour des élections municipales, Édith, l'épouse d'Édouard

Philippe, profite de ce que son mari s'est absenté pour interroger Mohamed Hamrouni. Une question anodine, une supplique voilée : « Vous allez rester ?... »

L'un des meilleurs amis de Mohamed est le journaliste sportif Mohamed Bouhafsi. Il définit leur point commun : « On n'est pas des pleureuses. » Ils refusent que leur prénom semblable et leurs noms de famille comparables soient une excuse à une quelconque difficulté. Mohamed Hamrouni, qui porte de petites lunettes rondes et un costume bien mis, ne s'est jamais fait contrôler au faciès. Il range l'islam et la sécurité dans la catégorie « sujets de préoccupation absolue des Français ». Ses parents sont musulmans, sa mère porte le foulard. Il a grandi à Bobigny, puis dans le Val-d'Oise. A fait abonner, récemment, la mairie du Havre à *Valeurs actuelles*, quitte à faire râler sa bonne copine et collègue Céline.

À Matignon, Mohamed Hamrouni officiait comme chef de cabinet adjoint. Un dimanche matin, encore ivre d'une nuit qu'il n'a pas entamée, il reçoit un coup de fil de la cheffe de cabinet qui souhaite le recruter. Politiquement, il cuve encore l'échec de la campagne de François Fillon, à laquelle il a participé au QG. Ce dimanche matin de mai 2017, il fait mine d'être frais.

Convoqué rue de Varenne, le voilà embauché après cinq minutes d'entretien avec le nouveau Premier ministre. Celui-ci lui réclame trois choses :

« Vous êtes sérieux. Vous ne vous prenez pas au sérieux. »

Jusque-là, Mohamed suit. Puis :

« Vous ne me faites pas flipper. »

Pas le temps de gamberger, il faut commencer. Éviter de trop écarquiller les yeux devant une porte quand les huissiers, dont c'est notamment le métier, ne veulent pas vous voir toucher la poignée.

Pendant trois ans, le chef de cabinet adjoint enchaîne les missions de reconnaissance, passe sa vie avec des préfets et des élus. Voyage avec des policiers.

En janvier 2020, Édouard Philippe le convoque : « Je vais me re-présenter. » Le voilà au courant, parmi les tout premiers, que le PM peut devenir maire du Havre à l'issue des élections municipales.

« Ça va être très dur, mais bravo, réagit Hamrouni.

— Ça tombe bien, j'ai besoin que vous me donniez un coup de main », le piège Philippe.

À la fin du mois, Mohamed démissionne de Matignon pour devenir directeur de campagne, dans une ville qu'il ne connaît pas. Le premier tour aura lieu le 15 mars, et on ignore alors qu'une pandémie mondiale décalera le second à la fin juin. Le climat de ce début d'année est celui d'une réforme des retraites peu populaire au Havre. Ville où l'on a élu Rufenacht et Philippe à la mairie, mais où l'on vote Mélenchon aux présidentielles. En février, la permanence de campagne se voit taguée d'un « Dégage Doudou, Le Havre est à nous ». Les Gilets Jaunes ne se sont pas éteints. Et ils n'ont pas oublié qui voulait taxer le diesel ou imposer les 80 kilomètres à l'heure.

Mohamed Hamrouni reprend son poste à Matignon après le premier tour, Édouard Philippe ne quitte plus Paris. Le Covid a frappé. Le Premier ministre enchaîne les conférences de presse et les JT aux audiences monstres. Il prend pour modèle la reine d'Angleterre : parler peu, parler clair. Il faut confiner, expliquer. Il n'y a pas de masques, les questions sont multiples, les manquements évidents, les mystères totaux. Un jour, il confesse : « Je ne sais pas », et les Français se disent alors qu'il ne ment pas. Un autre, il assure que « le découragement n'appartient pas à la gamme des émotions » qu'il s'autorise, et les Français se disent que tout n'est pas à plat. Son ancienne patronne chez Areva, Anne Lauvergeon, le regarde à la télévision : « Sa force, c'est le mélange de hauteur et de distanciation par rapport à lui-même. Il n'est jamais ni pédant ni chiant. Pendant le Covid, il gagne en *gravitas*. »

Valéry Giscard d'Estaing prend son téléphone à plusieurs reprises. « Monsieur le Premier ministre, pour cette conférence de presse je vous mets 20 sur 20. » Évidemment, Édouard Philippe l'humoriste raconte cela en l'imitant. L'ancien président se montre moins clément avec Sibeth NDiaye, alors au gouvernement, et que Philippe défend. « Votre porte-parole, là, ce n'est pas convenable... » Arrive le moment du déconfinement. VGE reprend : « Monsieur le Premier ministre, maintenant, il ne faut plus que vous parliez. Laissez vos ministres le faire. Vous savez, à mon époque, il y avait beaucoup de gens qui pouvaient devenir présidents. Félix Faure, Chaban et tant d'autres. Désormais, je n'en vois que deux : Bruno Retailleau et vous. Mais Retailleau est plus à droite que vous... » Un peu.

Feu Giscard n'est pas le seul à penser ainsi, et ces louanges mutent en poison quand elles parviennent jusqu'à la rue du Faubourg-Saint-Honoré. Édouard Philippe estime que le *switch*, chez Emmanuel Macron, vient de là : l'un a trouvé le ton, l'autre non. « Les gens avaient peur, se souvient l'ancien Premier ministre. Ils étaient paumés. Nous aussi, d'ailleurs. Ils étaient dans le bus derrière moi. Il neigeait. C'était la nuit. Les freins marchaient mal. Mais je leur disais : on va y arriver. Et à la fin, ils ont applaudi. »

Après ses séances à l'Assemblée nationale, Édouard Philippe a pris l'habitude de rentrer à pied à Matignon. Il n'y a que quelques centaines de mètres à marcher. Il pense se faire insulter. Que nenni.

Juin 2020. Il peut revenir au Havre achever sa campagne. Café au Saint-Roch en bas de chez lui, bistrot tenu par une femme de docker pas spécialement câline : elle l'enlace, elle l'embrasse. Il traverse une rue en compagnie de Mohamed Hamrouni ; une voiture s'arrête, un homme sort. Les autres derrière klaxonnent avant de comprendre pourquoi le conducteur applaudit. Puis ce sont un, puis deux, puis quatre, puis dix automobilistes qui sortent de leur voiture et frappent dans leurs mains. Ce qui devait être une polémique à 30 000 morts se transforme à ce moment-là en tour de force. Le 28 juin, il remporte 59 % des suffrages. Il boit toute la nuit avec ses amis de Normandie, rejoint l'Élysée le lendemain matin pour la remise des propositions de la Convention citoyenne sur le climat, à laquelle il ne croit pas.

Gueule de bois. Le 3 juillet, après plusieurs jours de vraies-fausses spéculations, on l'invite à quitter Matignon.

Pour tenir durant la pandémie, il s'est appuyé sur ses lectures. Passées surtout. Présentes un peu. « J'aimerais vous raconter une superbe histoire, vous notifiant que j'ai trouvé l'inspiration dans telle somme, si possible mal connue, issue d'une époque si possible elle aussi obscure, mais non. Dans cette période intense, j'essayais de lire vingt minutes à une demi-heure par jour. C'est à cette époque que j'ai commencé à regarder de près l'histoire de la révolution britannique. Quand vous êtes appelé à exercer des responsabilités, publiques ou privées, mettre un peu de distance entre les choix que vous avez à faire, vos contraintes, en vous disant que dans d'autres époques ces questions ont été évoquées, sans que ça ne dise rien de ce qui doit être retenu, c'est rassurant. Ça vous permet de vous sentir moins seul… »

Le 15 octobre 2020, perquisition. La Cour de justice de la République mène l'enquête sur la gestion de la crise. On a reproché à Édouard Philippe de couvrir son risque pénal, et voilà qu'il sonne à la porte. « J'ai trouvé des solutions qui ont fait disparaître la responsabilité juridique pour des millions de personnes, pour la concentrer dans mes mains. Les c**** qui pensaient que je gérais mon risque pénal, ils n'ont vraiment rien compris… » Cette perquisition rédige l'énième chapitre de la judiciarisation de la vie politique. « Il m'arrive de tirer, mais je vous rassure, je ne le ferai par sur vous », précise Philippe aux policiers armés. François Fillon lui transmet un message de soutien et d'indignation. L'opinion a tranché : elle le place depuis durablement en tête des enquêtes de popularité et de satisfaction.

Entré chez les Français au moment où tous les pores de leur peau étaient ouverts par l'effroi, il n'en sortira pas. Contre-intuitivement, le Covid vient de faire de lui un homme d'État.

Quitter Matignon en présidentiable, voilà ce que cela signifie. Le 3 juillet 2020, Édouard Philippe devient un postulant à l'élection présidentielle de 2022. Qu'il le veuille ou non. Qu'Emmanuel Macron le redoute, ou pas. Édouard Philippe choisit de ne rien en dire dans son livre avec Gilles Boyer, et de jouer l'ambiguïté sur les plateaux de télévision. En discutant avec lui, j'entends à l'inverse un homme qui se prépare aux plus hautes fonctions. En courant derrière lui, je cours derrière un candidat qui ne s'ignore pas. Le reste est une question de rythme.

Aller au Havre et frémir

On a essayé de me dissuader d'écrire ce livre. « Tu ne verras pas Édouard. Il ne faut pas qu'il soit trop visible. » Après quelques cercles concentriques de plusieurs mois, je lui écris, il me reçoit. Mon premier rendez-vous havrais avec Édouard Philippe a lieu le 11 novembre 2020. Je dois me présenter à 11 h 30 à la mairie. J'en repartirai à 19 heures, après sept heures trente de visite et de tête-à-tête.

De la banlieue où j'habite, l'A14 se prend très bien. Je rejoins ensuite l'A13, roule 1 h 30 de plus, passe le pont de Tancarville et, comme pour toutes les vraies villes de bord de mer, s'insinue la sensation, une fois arrivé, d'être allé au terminus d'un pays. Thomas, un ami régisseur dans le cinéma ayant réalisé beaucoup de tournages dans la ville, m'avait prévenu que le plus spectaculaire était d'arriver de nuit. Et sans doute par le pont de Normandie et ses haubans plus modernes. Je le ferai une prochaine fois.

Avec sa double porte capitonnée, monsieur le maire dispose de la confidentialité d'un bureau de ministre. Le coffrage en bois, confectionné par les services de la ville, et que ne renierait pas un ébéniste, donne à la pièce des faux airs de cabine de yacht, et une vraie authenticité. La jolie commode à tiroirs lui vient d'Édouard Senn, grand collectionneur d'art et employeur de son père. De nombreuses médailles reposent dessus. Le bureau en tant que tel provient de l'époque d'Antoine Rufenacht, son prédécesseur. La table tulipe aussi. Derrière elle, un boxeur en bronze offert par Dmitri Medvedev, ancien Premier ministre et président russe. Sur une étagère, ce petit écriteau noir et cette phrase en anglais : « Si tu étais un des personnages de mon roman, tu serais déjà mort. »

En ce jour d'Armistice, je suis venu avec *Port-Soudan* comme cadeau. Pour tenter d'approcher Édouard Philippe, il faut lui montrer qu'on lit. Ou à tout le moins qu'on a lu. Quand il va dîner chez le maire de Deauville, un ami, Philippe trouve comme les autres convives un ouvrage dans son assiette. L'hôte explique son choix à chaque invité.

Le mien s'est fait naturellement. J'ai découvert Olivier Rolin, l'auteur de *Port-Soudan*, en classe de première au lycée public de Marly-le-Roi, dans les Yvelines. J'avais jusqu'ici suivi ma scolarité dans des établissements privés parmi les plus rigoristes d'Île-de-France. Un début de primaire chez les religieuses de Saint-Pie X à Saint-Cloud, imité plus tard par Marion Maréchal. Tout mon collège quelques rues plus loin à Saint-Joseph, uniquement entre garçons. Le lycée de Marly, c'est pour moi la découverte de la mixité, du cannabis, et de la littérature.

Quand, au début de notre année scolaire de première L, notre professeur principal nous annonce que notre classe a été sélectionnée pour faire partie du jury du prix Goncourt des lycéens, je crois obtenir d'un coup la clé du conformisme que je cherchais ardemment, afin de voler ailleurs que dans mon milieu d'origine.

Finie la marge des auteurs catholiques ou simplement de droite qui empruntent différentes positions sur les nombreux meubles de notre maison de Louveciennes. Cette fois, on parle de Dominique Bona, Michel Houellebecq, ou d'Olivier Rolin.

Notre professeur annonce que nous pourrons interroger certains des nommés dans la sélection de ce Goncourt des lycéens, dont la liste correspond à celle du vrai prix. Par deux fois, Olivier Rolin vient jusqu'à notre lycée. Je me souviens de lui en photo dans *Le Monde des livres*, vêtu d'une blouse tel un laborantin des mots.

Autour de Mai 68, Olivier Rolin milite au sein de la gauche prolétarienne. Il se bat, participe de manière engagée et parfois féroce à la révolution qui touche le centre estudiantin de Paris. C'est un militant de l'extrême gauche la plus intraitable. Plus tard, il partage la vie de Jane Birkin quelques années, possède une maison en Bretagne et réside à Paris, rue de l'Odéon.

J'essaie d'expliquer à Édouard Philippe ce que le choix de cet auteur indique de mon parcours. *Port-Soudan* a obtenu le prix Femina en 1992. Il traite du désarroi amoureux. Et de la boucherie qui s'ensuit. J'ai, si besoin, préparé pour Édouard Philippe un extrait à lire : *Je me souvenais des journées passées à griller des cigarettes près du téléphone, du bond que fait le cœur quand la sonnerie retentit, qu'un taxi passe au ralenti dans la rue nocturne, du temps qu'il faut pour que ces chimères finissent par s'évanouir, de la solitude plus désolée encore dans laquelle vous laisse le retrait.*

La veille de ma visite au Havre, je découvre, horrifié, que la nouvelle édition que je m'apprête, fier d'avance, à offrir à Édouard Philippe contient un avertissement datant de 2011 absolument humiliant pour moi :

Port-Soudan *est un livre dans lequel j'ai, à présent, un peu de mal à me reconnaître. Ironiquement, c'est sans doute celui qui a connu le plus grand succès. Les nombreux lecteurs qui continuent de l'aimer ne peuvent avoir complètement tort, leurs suffrages m'obligent. J'ai commencé assez vite, néanmoins, à m'en éloigner, au point de tenter, quatre ans plus tard, une variation qui s'apparente à une réécriture, avec une histoire située elle aussi entre le Soudan et Paris :* Méroé, *livre à mon avis bien supérieur, plus complexe et distancé, et romanesque, dont le retentissement fut évidemment bien moindre.*

J'ai fait disparaître du texte original, ici et là, quelques bibelots d'inanité sonore ; mais il est impossible d'en supprimer un certain côté guindé, drapé, moralisateur souvent. C'est, cela demeure, un livre en imparfait du subjonctif, comme il y a des films en costume. O.R., 2011

Je m'apprête à me livrer au maire du Havre avec un ouvrage, de l'avis même de son auteur, trop poudré. En attendant que je le retrouve sur sa table basse lors de ma deuxième visite, il m'offre déjà de m'asseoir, pour cette première fois, dans son canapé aux assises gigantesques. Mes jambes trop courtes fuient le piège au bout de quelques minutes. Son 1,94 mètre à lui s'en accommode fort bien. Il y fait même la sieste de temps en temps. Il ne changerait pour rien ce canapé qui permet, en les indisposant, de faire partir les visiteurs tentés de rester trop longtemps. Je me rabats sur le fauteuil club attenant…

Je ne suis pas venu au Havre par hasard. Il s'agit d'une ville singulière, blessée, guérie. Ses habitants l'aiment après l'avoir détestée. On y trouve un port de la globalisation et des quartiers ouvriers sortis d'un autre siècle. On y observe des lumières changeantes. La ville du Havre n'a pas été assez exploitée dans les portraits, écrits depuis Paris, consacrés à Édouard Philippe. En partie à cause de lui, qui n'a pas exigé des auteurs qu'ils s'y déplacent pour le rencontrer.

Je ne regrette pas d'y louer un appartement surplombant le Volcan de Niemeyer. Orienté est-ouest, il permet de savourer les couchers de soleil vers la mer, frôlant le monumental clocher de Saint-Joseph. Ou, le matin, d'admirer les ciels rosés-perlés au-dessus du bassin du Commerce et la perspective vers les tours bleu pâle de l'usine EDF. Un soir, après avoir raccompagné Philippe chez lui avec Alex, son officier de sécurité, ce dernier résume avec retenue : « C'est une ville qu'on apprend à aimer. »

Les falaises de craie bordant la dernière portion de voie rapide, l'architecture d'Auguste Perret et les gros cargos qui glissent dans l'embrasure des rues du cœur de la ville saisissent d'emblée. Des Optimist cabotent dans le bassin du Commerce quand des dériveurs plus ambitieux se tirent la bourre dans la baie. On peut se perdre dans les méandres graphiques du port, arpenter les docks, faire le tour du centre, grimper dans la ville haute admirer la vue et la maison de l'ancien maire Antoine Rufenacht, faire un stop aux Jardins suspendus, admirer de nouveau la vue sur cette usine à ciel ouvert jouxtant un immense estuaire, puis descendre par le petit chemin contournant le fort de Sainte-Adresse et rouler jusqu'au bar judicieusement baptisé Le Bout du monde pour boire une bière.

Depuis 1995, il s'est opéré ici une succession d'événements qui ont bouleversé le reflet de la cité dans son propre miroir. À cette date, la ville candidate pour son inscription au patrimoine mondial de l'Unesco. « Un gars en cheville avec Rufenacht nous aide à monter un bon dossier », sous-titre Philippe. Label obtenu en 2005 : le béton ringard de Perret devient soudainement *hype*. Depuis, la marque de vêtements locale, LH, se vend cher et bien. Les hôtels sont pleins dès qu'il fait beau. Les groupes énamourés de leur ville, sur les réseaux sociaux, se comptent par dizaines. Le Havre multiplie les festivals, les conférences, et dissémine les œuvres d'art contemporain dans ses rues. « La ville vous plaît ? » s'enquiert le maire lors de mon premier week-end ici. Oui. L'ensemble a de la gueule.

En 1517, deux ans après son sacre, François Ier crée la ville du Havre, et son port, afin de satisfaire à la demande des Rouennais, qui souhaitent faciliter le commerce fluvial. En 1540, le roi revient et, trouvant la ville trop moyenâgeuse, commande à un architecte italien au nom de couturier de luxe, Bellarmato, de construire un quartier plus moderne, aux voies alignées, dégagées, basé sur un plan orthogonal.

Ce quartier Saint-François sera le seul à ne pas être reconstruit par les ateliers Perret après la Seconde Guerre mondiale, conservant un aspect régional, avec ses façades en briques et ses toits en ardoises. Pour le reste, Auguste Perret prend la main en 1945. Copieusement bombardée par les Anglais à de multiples reprises, Le Havre n'a de cesse d'effacer les stigmates laissés par les guerres qu'elle a vu défiler, napoléoniennes ou mondiales. Une guide avec qui je la visite la définit comme « résiliente et intrigante ». De la fin de la révolution industrielle jusqu'à 1914, il y fait bon vivre. Les armateurs font fortune et les ouvriers qui descendent chaque matin vers le port par les escaliers de la ville haute ne manquent pas de travail. Défigurée après 1945, plus personne ou presque ne l'aimera. Une lignée de maires communistes, entretenant la tension sociale, ne l'aidera pas.

Édouard Philippe quitte son bureau aux grandes baies vitrées, tapissé d'une moquette propice à la confidentialité, et invite au 18e étage, dans la haute tour qui jouxte la partie ouest de l'hôtel de ville. Bordée de grandes vitres, une vaste salle de réception peu utilisée offre une vue intégrale sur le centre, la zone portuaire, la mer, l'estuaire. De cette pièce, l'ancien Premier ministre découpe les perspectives. D'abord, les piles des deux ponts : Tancarville et Normandie. Les portiques du port, alors en position levée. Ils témoignent que « ça travaille » à décharger du conteneur. Honfleur, Deauville, de l'autre côté de la Seine. « Par temps clair, on peut voir jusqu'au bâtiment de l'hôpital de Caen. » Ou même la pointe du Cotentin.

Il met ses bras en croix, façon albatros. Se place dans le coin gauche de la tour, près de l'ascenseur. Déplace ses pieds par petits pas, s'ajuste, ferme un œil pour vérifier la géométrie. Son angle, large, embrasse tout ce qui de sa ville a été rasé pendant les bombardements de la Seconde Guerre mondiale. « Vous voyez la gare ? On apercevait la mer depuis là-bas, tant il ne restait rien. En deux nuits, Le Havre a reçu plus de bombes que Londres durant tout le blitz. »

1 800 tonnes de bombes alliées entre le 5 et le 11 septembre 1944. Avec ce rappel des historiens : ce n'est pas tant la France qu'on libère que l'Allemagne qu'on attaque. Pendant les six ans qu'a duré le conflit mondial, Le Havre reçoit 10 000 tonnes de bombes, contre 74 000 sur tout le Royaume-Uni. Avant septembre 1944, la cité subit déjà 150 bombardements. D'abord allemands, puis alliés. À l'issue de l'automne, le centre-ville n'existe plus, il ne reste de la cathédrale que la façade. Même si l'imposant monument aux morts de 14-18, celui que l'architecte Auguste Perret surnommait le « Presse-Papier », a été miraculeusement préservé, 80 % de la ville ont disparu. Défiguré, Le Havre va mettre plus d'un demi-siècle à accepter de se regarder.

Depuis la tour municipale, Édouard Philippe fait remarquer que les très rares endroits ayant échappé aux bombes sont comme enterrés. Les bombardements ont engendré tant de gravats que la ville fut reconstruite un bon mètre plus haut que son niveau initial. Nous descendons d'un étage pour accéder à la venteuse terrasse du 17e. Derrière, une longue colline pigmentée sur sa crête de superbes maisons. La « ville haute », disent les Havrais. Parmi ces demeures, on distingue très bien la plus belle, blanche, dominante à souhait : celle d'Antoine Rufenacht. Philippe n'aurait pas pu habiter dans la ville haute avec les bourgeois. « Au Havre, je me sens populo. Ou en tout cas du centre-ville, du portuaire. » À Paris, il habite sous la place Blanche, dans un quartier clairement bobo et gentrifié par les années. À Lille, côté maternel, où il assume des origines bourgeoises, il pourrait tout à fait vivre dans un quartier cossu. Mais pas ici, pas au Havre.

Il prend le volant de son Renault Espace, Alex monte derrière. À la première escale, le maire pose de nouveau en géomètre, cette fois à l'angle du bassin des docks. Indiquant successivement l'école de commerce, des hangars réhabilités, une passerelle, l'école d'ingénieurs, l'immeuble de Sciences Po-Le Havre et sa spécialisation asiatique. Les maires sont des chefs de chantier qui ne s'ignorent pas. Sa philosophie d'aménagement consiste à tout faire partir du centre-ville. Y compris des trams pour aller chercher les gens dans les cités afin qu'ils viennent à la plage.

La voiture longe les premières installations du port, le chantier de l'usine d'éoliennes, mais aussi les vieux entrepôts. De la rouille, de la verticalité, des rails creusés dans le bitume, des tourelles et des tapis roulants hors d'âge, du fer, du béton, de l'espace forment un décor de clip où les contrats se signent après avoir tapé dans la main. Un décor qui se prolonge par le quartier des Neiges, l'un des plus anciens et des plus pauvres du Havre. Un quartier qui ne ressemble pas aux quartiers chauds des métropoles françaises, mais aux cités minières du nord de la France, ou à l'Angleterre ouvrière du XIXe siècle. Je le découvrirai seul plus tard. Pour l'heure, le maire préfère ne pas s'y aventurer avec moi.

Durant toute cette visite, Philippe se montre assez direct, ne cherche pas à enjoliver. « Ici, on a un bâtiment très moche » ; « Là, c'est un bar à putes » ; « Ça, on voudrait le raser ». Au sein d'une zone d'activité, où se succèdent des noms d'entreprises inconnus du grand public, touchant aux domaines de la réfrigération, de l'emballage, du transport, il donne une clé de l'esprit cauchois. « Derrière ces façades anonymes, il y a des machines rutilantes. Mais ici, on ne cherche pas la publicité. Quand je suis invité à un barbecue pour des inaugurations, le patron a généralement prévu de ne surtout pas convier la presse. »

Dans la voiture, Spotify joue Brassens, *La Ballade des gens qui sont nés quelque part*. Il l'a choisie à dessein pour tancer le directeur adjoint de la rédaction de *Valeurs actuelles*. Le chanteur se moque de la race des chauvins, des porteurs de cocardes, et de « ces imbéciles heureux qui sont nés quelque part ».

Nous roulons en direction des cités du Havre. Mont-Gaillard, Mare Rouge. On passe devant la grande mosquée « africaine ». Un lieu de culte spécifique suivant que l'on soit d'origine marocaine ou soudanaise.

Au Havre, les quartiers sont plutôt tenus. Philippe insiste sur ce qu'il y avait avant : les seringues dans le sable des aires de jeux pour enfants, les arrêts de bus impossibles... Puis sur la nécessité de ne plus faire de culs-de-sac, de préserver des grandes artères aérées. De casser les tours. De maintenir un club de tennis. Il évoque à la fois l'ordre et confie avoir fermé les yeux, l'autre soir, quand des jeunes ont bravé le couvre-feu et malmené la porte d'un gymnase pour faire un match de foot. « Cela fait partie des multiples petits renoncements ou accommodements que peut dénoncer *Valeurs actuelles*. Mais j'assume. »

En retournant dans le centre-ville, nous retrouvons le royaume de Perret. « Manhattan-sur-Mer » depuis peu, « Stalingrad-sur-Mer » plus longtemps : les choix univoques de l'architecte lui valent d'être d'abord décrié. Nommé par le ministère de la Reconstruction et de l'Urbanisme, adoubé par la municipalité, qui lui accorde les pleins pouvoirs, Perret et les dix-sept architectes de son atelier reconstruisent à eux seuls la ville, ce qui confère à cette dernière une unicité inégalée. Avec 80 000 sinistrés après guerre, la tâche est immense. Elle assouvit le fantasme de tout architecte – la réinvention d'un monde et l'occasion d'appliquer ses principes à une ville entière. Une phrase de Perret résume à souhait sa philosophie, sur l'un des panneaux de l'église Saint-Joseph : « C'est par la splendeur du vrai que l'édifice atteint sa beauté. Celui qui dissimule un poteau commet une faute. Celui qui fait un faux poteau commet un crime. »

Au Havre, l'immeuble préféré d'Édouard Philippe, évidemment construit par Perret, se situe au 67, avenue Foch. Il s'appelle Le Lenoble. Le fronton dispose de colonnes tour à tour feuilletées, biseautées et cannelées. L'entrée monumentale, par la rue Othon-Friesz, avec sa cage d'escalier arrondie, tranche avec le cubisme attendu des Perret. Au sol, les dômes laissent le soir la lumière des parkings souterrains transparaître. L'immeuble accueille des balcons arrondis et des loggias. « Non mais regardez-moi ces proportions ! » intime le grand fan. Le béton du 67, avenue Foch ne se borne pas au gris : ici, il affiche une teinte rosée due à la poudre de grès des Vosges qui le constitue.

Le Lenoble se déploie selon les fameuses proportions qui font la signature de Perret. Dans toute la ville, 6,24 m séparent chaque colonne de structure, et la profondeur des appartements fait le double. Avec un cahier des charges majeur : les logements disponibles, de 35 à 250 m^2, doivent capter le maximum de lumière, pour éclairer cette ville autrefois engoncée, à la météo pas très coopérative.

Philippe adore également les deux grands immeubles Perret qui font face à la mer, de chaque côté de l'avenue Foch, « malgré leur décroché trop net » : il pense qu'il aurait fallu leur ajouter huit ou dix étages pour gagner en harmonie. On les appelle la « porte Océane », ils avaient initialement été conçus pour s'installer porte Maillot, à Paris.

Aussi stupéfiant que cela paraisse, étant donné son héritage, Perret n'est venu au Havre que quatre fois dans sa vie. Sur place, son bras droit, Jacques Tournant, avec qui il a conçu l'hôtel de ville, lui servait d'yeux et d'oreilles – il a d'ailleurs fini par s'y installer. Perret, lui, meurt avant même d'avoir inauguré l'église Saint-Joseph.

C'est en face de celle-ci que nous avons dormi avec ma femme lors de mon premier week-end au Havre. 500 000 tonnes de béton au total, 700 000 tonnes d'acier, 800 sièges et 4 gros piliers en forme de croix de Saint-André, enfoncés à 25 mètres de profondeur, qui supportent les 5 000 tonnes de la tour orthogonale. Il faut se mettre en dessous d'elle, de son étourdissante voûte culminant à 107 mètres, pour comprendre qu'elle symbolise à la fois un phare et le monument aux morts de la ville française la plus dévastée de la Seconde Guerre mondiale. Édouard Philippe n'en a encore jamais gravi le sommet.

Depuis le sol, on admire les vitraux de Marguerite Huré, surnommée en son temps «la spatiocoloriste». 7 couleurs, déclinées en 27 tons, donnent une atmosphère douce. On l'a dite inspirée par le tombeau de Napoléon aux Invalides. Perret voulait une ambiance dorée, mordorée. Huré installe alors des vitraux orange côté sud. À l'est, du vert et du violet, les couleurs du labeur. Côté ouest, des tons très chatoyants, le rose de l'amour, le rouge du sang du Christ. Tandis qu'au nord, près de l'escalier, la Vierge Marie sera symbolisée par des lumières bleues.

Auguste Perret était athée, se rengorgeant longtemps de n'avoir pour seule religion que celle du béton. Béton qu'il voulait faire chanter, béton dont il se prévalait qu'il fût plus beau que la pierre, qu'il était une « pierre qui naît ». Perret se fit baptiser quatre mois avant sa mort, sans avoir pu contempler le chantier terminé de son église, inaugurée trois ans après son décès. L'ancien Premier ministre russe Dmitri Medvedev l'a visitée quand il est venu au Havre en juin 2019. Accompagné d'une centaine de gardes du corps postés sur les toits et dans les rues, de deux traductrices, d'Édouard Philippe, il n'a pas arrêté de mitrailler avec son appareil photo personnel Saint-Joseph et les autres constructions de Perret.

Lors de ma visite inaugurale, le maire m'assure que Le Havre ploie sous les propositions d'architectes candidats pour prolonger sa rénovation. Je demande s'il n'a pas peur d'en faire une ville Instagram pour Parisiens en week-end. Le réel se charge de balayer ma question : nous discutons devant un immeuble qui se révèle être un lieu de deal. Une voiture des douanes passe au ralenti. « Ici, vous savez, c'est une plaque tournante de l'héroïne et de la cocaïne. »

Revenus à son bureau, nous sommes à l'abri. Il craignait d'être pris en photo dans la rue en compagnie d'un journaliste. Avant de me libérer, il tient à préciser ne pas vouloir « faire commerce » de son intimité.

Quand je pars à 19 heures ce 11 novembre, son directeur de cabinet, Mohamed Hamrouni, se promène avec ses parapheurs ; le maire s'apprête à reprendre sa tâche. Je rejoins l'A13 sans avoir passé de contrat, mais dans l'obligation d'activer la fonction dictaphone de mon iPhone. Le père d'Édouard Philippe martelait que la mémoire représente la moitié de l'intelligence. Les deux heures de route ne seront pas de trop pour me réciter à moi-même les sept heures trente que je viens de passer en compagnie du retraité le plus actif de la scène politique française.

À cet instant, je ne sais pas encore quand je vais le revoir. Ni même si je vais le revoir. Et je me suis mis dans le pétrin tout seul, lui objectant, grand prince, que je n'avais bien sûr nul besoin de l'enregistrer ou de prendre des notes. Des mois plus tard, il tente de me rassurer, flatteur : « C'était bien mieux comme ça ! Ainsi, nous avons eu des discussions que je n'ai avec aucun autre journaliste politique. » Mais c'est moi qui vis aux dépens de celui que j'écoute.

Ci-gît la droite

C'est en janvier 2017 que j'adresse la parole pour la première fois de ma vie à Édouard Philippe. Mauvais souvenir. Devant la Mutualité, dans le 5e arrondissement de Paris, j'erre cahier à la main. S'y déroule un conseil national des Républicains, exercice complètement désuet de semblant de démocratie partisane, façon grand congrès. Je ne sacrifie pas mon samedi matin pour cela. Mais, préparant un portrait de Bruno Retailleau pour *Valeurs actuelles*, j'ai l'assurance de trouver ici beaucoup de cadres et de nourrir mon article à bon compte.

À peine arrivé, j'aperçois un petit groupe de quadragénaires sûrs d'eux. Notamment l'ancien ministre Benoist Apparu, l'adjoint au maire de Bordeaux Nicolas Florian, et Édouard Philippe. Sur leurs visages, les juppéistes, qui viennent de perdre la primaire de la droite, ont la défaite narquoise. Thierry Solère les accompagne. Je m'approche, demande à Philippe s'il accepte de m'accorder quelques minutes. Rien que de dire devant eux que je suis journaliste à *Valeurs actuelles* me donne le sentiment de pratiquer l'aumône.

On s'écarte. « Donc, oui, re-bonjour, je m'appelle Tugdual Denis, je travaille à *Valeurs actuelles*, et je prépare un portrait de Bruno Retailleau... »

Édouard me coupe : « Retailleau ? Tout ce que je sais, c'est qu'il est sûrement plus proche de *Valeurs actuelles* que moi je ne me sens proche de Bruno Retailleau. »

Super. Comment mettre 300 mètres de distance sans avoir encore répondu à la moindre question. Est-il plus honorable, lui ? À empêcher ma droite d'être de droite, à faire le barbot avec ses potes devant la Mutualité un samedi au lieu d'avoir une vraie vie ? Je n'insiste pas.

Le deuxième souvenir n'est pas tellement meilleur. Je suis entretemps devenu journaliste au *Point*. Et lui Premier ministre. Il effectue ses tout débuts à Matignon. Autour de la table d'une belle salle à manger, la direction de l'hebdomadaire, la cheffe du service politique, un vieux côtes-du-rhône méconnu mais inoubliable, les conseillers Gilles Boyer et Charles Hufnagel. Ambiance bizarre dès le début. On sent Philippe peu motivé par le repas. Toutes les questions tombent à côté.

Je récolte un premier moment gênant en lui faisant remarquer qu'il n'a jamais véritablement travaillé dans le privé (j'ai rattrapé une part de mon ignorance depuis[1]). Puis je lui demande si, à l'aube de ce quinquennat, il se définirait comme un réformiste radical. « J'ai beau porter une barbe, je ne crois pas qu'il y ait quoi que ce soit de radical chez moi. » Voilà. À mes yeux, Édouard Philippe, ce fut longtemps ça : un mec

1. Édouard Philippe a travaillé chez Areva.

arrogant et refusant malgré son étiquette d'être de mon clan.

En me documentant plus avant, je découvre un personnage protéiforme. Quand François Mitterrand devient président de la République le 10 mai 1981, du haut de ses dix ans, Édouard Philippe a le sentiment que le camp du bien et de la justice a gagné. Dans son livre *Des hommes qui lisent*, il ajoute : *Les seuls gens de droite que je connaissais étaient mes grands-parents maternels, que j'adorais et que je vénère encore, mais qui ressemblaient quand même jusqu'à la caricature à la bourgeoisie lilloise chrétienne-démocrate-conservatrice.*

Tôt, il s'évade du clivage droite-gauche, notamment par la lecture d'un manuel publié en 1946 : *La Politique des partis sous la IIIe République* de François Goguel. Philippe en retient que droite et gauche sont des termes trop peu signifiants pour englober la réalité des alliances et des diversités. Il préfère « ordre et mouvement ».

Pour me rassurer, je m'accroche à d'autres éléments. Son libéralisme bon teint. Sa lucidité sur le conformisme, aussi, quand il fusille le mouvement Nuit Debout dans un documentaire de son ami Laurent Cibien : « Un exercice de révision horizontal, assez bobo et concentré dans l'Est parisien », refusant par là même de s'ébaubir « devant 400 personnes qui chantent *Bella Ciao* ». Je note également sa dénonciation du sectarisme quand il écrit, se référant directement à l'esprit de notre cher Denis Tillinac, écrivain et chroniqueur de *Valeurs actuelles* disparu en 2020, qu'il est « plus courant de voir un homme de droite admirer Aragon ou Éluard qu'un homme de gauche évoquer son amour de Chateaubriand, de Morand ou de Mauriac». Il complète : «Sauf Mitterrand, bien sûr, mais était-il vraiment de gauche ?»

Philippe, mitterrandiste puis rocardien, a quitté la gauche après sa jeunesse, se rendant compte du paradoxe d'une famille politique qui se proclame rebelle alors qu'elle ne fait qu'enfoncer le clou de valeurs dominantes. En revanche, le mot *conservateur* renvoie toujours chez lui à des relents négatifs. Soit qu'il signifie l'inertie de la réforme, soit qu'il évoque des valeurs rétrogrades. Par conséquent, il lui dénie tout souffle.

Je pense – ou j'espère – depuis longtemps que le maire du Havre vaut mieux que sa réputation chez les gens de droite, et que, dans le mélange de ses deux familles, paternelle et maternelle, la prescience de ses origines catholiques et bourgeoises du nord de la France ne font pas office que de boussole indiquant le sud.

Confusément, j'ai le sentiment que, au fil des mois passés à Matignon, le Premier ministre se droitise. Je suis sans aucun doute influencé par la forme : il est sympa avec *Valeurs actuelles*. Sur le fond, je surpondère la dimension régalienne de sa fonction. Trois ans rue de Varenne, dont deux semaines place Beauvau comme ministre de l'Intérieur par intérim, cela vous plonge dans le réel. L'exercice du pouvoir, y compris chez les responsables de gauche, imprègne des sujets liés à l'immigration ou à l'ensauvagement ordinaire.

À la «partition» du pays, comme l'a décrit François Hollande.

J'en avais parlé à Charles Hufnagel, son conseiller à Matignon. «Vis-à-vis des lecteurs de ton journal, ça m'arrangerait de te dire ça. Mais si la droite c'est l'aile populiste des LR, les tribunes antilibérales de certains députés qui tombent des mains, je ne crois pas. En revanche, son histoire est de droite depuis des décennies. Édouard est un patriote, un homme d'ordre : dans les rues, les comptes publics, le droit. Il croit au mérite. Sur son rapport à l'insécurité, je ne suis pas sûr qu'il ait changé : il n'a jamais été angélique.»

Non, mais c'est le genre à préciser dans son bureau du Havre qu'il n'aime pas les «mecs» qui miment la fermeté «en jouant au Caudillo». Il identifie deux écueils : «Préconiser des choses qui ne sont juste pas possibles dans l'État de droit. Ou des choses dont on n'a pas les moyens, quand bien même on changerait les règles. Rien n'est pire pour un homme politique que d'annoncer quelque chose qu'il ne peut pas mettre en placc.»

Le philippisme peut-il ne pas se diluer dans le progressisme macroniste? On serait tenté de penser l'inverse, même si on imagine avec peine, il est vrai, lequel des conseillers de Philippe aurait pu signer *Le progrès ne tombe pas du ciel* chez Fayard : un manuel inutilement pontifiant, écrit par Ismaël Emélien et David Amiel, deux des principaux *spin doctors* d'Emmanuel Macron.

Si, comme le pensent certains des proches de l'ancien Premier ministre, le philippisme dérive en chiraquisme, il court deux dangers. Celui d'une forme de radical-socialisme aussi inoffensif qu'anachronique. Et d'une réponse au Front national totalement dépassée.

Édouard Philippe a applaudi, contrairement à nos lecteurs, quand François Fillon a appelé à voter Emmanuel Macron quelques minutes seulement après sa défaite au premier tour de 2017. « Les réflexes, il ne faut précisément pas donner l'impression qu'ils sont réfléchis. En faisant ça, François s'est placé dans une position inattaquable dans l'histoire française. »

Soit. Demeure la question : que proposer, au-delà des anathèmes, pour contrecarrer Marine Le Pen ? « Je ne fais pas de la politique pour faire barrage à Marine Le Pen ou à 46 % des Français, mais pour leur proposer un autre point d'arrivée que le sien. En étant plus convaincant, rassembleur, efficace. En revanche, la dernière semaine de campagne, on fait campagne contre. Il y a une grammaire indépassable : au premier tour on choisit, au second on élimine. »

Je lui soumets, à l'hiver 2020, le souvenir d'un éditorial de Franz-Olivier Giesbert dans *Le Point*, en forme de mea culpa. En substance, FOG regrettait d'avoir fait monter le Front national à force de mépriser ses électeurs et ses dirigeants. Philippe ne va pas si loin : « On a quand même le droit de dire que le Front national a été créé par des gens plus proches de la Collaboration que de la Résistance. C'est un fait. On a le droit de dire que ce sont des gens qui pensaient être mieux avec Pétain qu'avec de Gaulle. Ce n'est pas neutre. On a le droit de dire que c'est un parti qui a longtemps fricoté avec l'antisémitisme. Mais je reconnais que ce n'est pas la même chose de dire ça dans les années 1990 ou maintenant. Je vais vous dire : le vrai inventaire est à aller chercher du côté de la droite. Entre 2002 et 2012, nous nous sommes loupés. D'abord en ne procédant pas aux réformes puissantes auxquelles procédait un pays comme l'Allemagne. À commencer par celles du marché du travail et des retraites. Ensuite parce que le bilan sécuritaire de Nicolas Sarkozy demeure très contrasté.»

Lui qui me renvoyait dans les cordes quand je parlais de «réformisme radical» semble, tout au long de mon projet, chercher à se muscler. Il prend même des allures de cabot un soir de mars 2021 : «Quand je commencerai à dire des choses, la gauche sera horrifiée. Une vieille idée que j'ai, par exemple – et je ne sais pas s'il faudra le dire… –, consisterait à dire que, dans l'Éducation nationale, ce qui est important, c'est qu'elle soit nationale. Qu'il faut donc un recrutement de professeurs national, une inspection nationale, des programmes nationaux. Mais que pour le reste… Les contractuels, la gestion des lycées, plutôt que ce soit la région.» Il ne terminera pas, mais il s'imagine donc potentiellement privatiser le fonctionnement au quotidien de l'enseignement. Manifestations garanties.

À contre-emploi, je lui oppose l'importance du maintien du statut des professeurs. Il me sèche : «Je vous trouve très à gauche. Pourquoi les gens auraient-ils besoin d'un statut ? Ils ont surtout besoin d'un salaire, non ? Peut-être qu'ils peuvent travailler un peu plus pour gagner un peu plus. Aujourd'hui, on a tous les inconvénients du public mais pas la mobilité que le statut est censé apporter. Au fond, je suis convaincu qu'il faut faire des réformes de structure dans ce pays. On ne règle pas la question des finances et des dépenses publiques avec un simple rabot. Il faut faire des trucs assez profonds, assez sauvages… »

On y vient.

L'ambition

La Blottière se trouve au sud-ouest de la Sarthe. Je me rends le vendredi 20 novembre 2020 chez les Castries pour déjeuner. J'ai découvert l'année précédente leur manoir rénové du XVe siècle lors d'un repas avec François Fillon et Penny, Anne et Henri. Dans la voiture, j'écoute pour me mettre en jambes une conférence de l'ancien P-DG d'AXA, donnée devant le Medef de Lyon le 9 avril 2019.

Il est question d'étapes dans la vie de notre monde qui ne « relèvent pas de l'incrémental mais du disruptif ». Démographie, technologie, écologie : l'histoire ne roule pas sur un faux plat. Henri de Castries est un ami personnel de Fillon, mais il aime bien Édouard. En écoutant sa conférence, et les enjeux qu'il y pose, je me demande si Philippe serait capable de renverser une quelconque table un jour. Ou de la maintenir pour qu'elle ne vacille pas. J'enquête sur quelqu'un à propos de qui je doute.

Arrivé à La Blottière, il s'agit de ne pas dévoiler la vie intime des Castries. Je m'y risquerai d'autant moins qu'une feuille glissée avec facétie par l'un des gendres d'Anne et Henri sous mon assiette m'avertit :

«*Non disclosure agreement*». Famille échaudée par le précédent livre craint la publicité ; mon hôte a eu la gentillesse de prévoir du très bon vin.

Entré chez AXA en 1989, Henri en devient le président-directeur général à partir de 2010, jusqu'à son retrait en 2016. Il aime la chasse, l'histoire, l'économie, la peinture classique et l'armée. Polyglotte et très tourné vers l'international, il a fait partie des personnalités françaises classées par la presse anglo-saxonne comme les plus influentes du monde. Engagé dans de multiples causes et associations, il préside l'Institut Montaigne, un gros laboratoire d'idées français. Il va rencontrer, par ce biais, Édouard Philippe.

En amont de la COP 21 ayant eu lieu en France à la fin de l'année 2015, l'Institut organise une série de conférences sur le développement durable. L'une d'elles concerne la politique climatique à l'échelle des villes, dont des maires de grandes métropoles mondiales commencent à se saisir. Beaucoup d'ONG récompensent des initiatives locales : la Fondation Rockefeller, par exemple, accorde une bourse de 1 million de dollars à des municipalités qui se dotent d'un *chief risk officer*. De quoi parler au cerveau d'assureur d'Henri de Castries : «Je découvre que les villes et les régions ont des leviers d'action, que les villes sont un élément du problème, mais aussi de la solution.»

Laurent Bigorgne, le directeur de son Institut, monte un événement et cherche à réunir des maires répondant au double critère de s'intéresser au climat et de maîtriser l'anglais. Dans la salle, le même public que celui présent pour la COP : des fonctionnaires de l'ONU, des chefs d'entreprise, des élus internationaux. Peu avant le jour J, le maire de São Paulo fait faux bond. « Je suis le plan B », se chambre Philippe, qui n'a à l'époque pas l'habitude de ce genre de parterre. « Édouard était à peu près le seul en France à cocher les cases, souligne Castries. On n'allait pas demander à Xavier Bertrand, maire de Saint-Quentin, ni à M. Moudenc, maire de Toulouse. Encore moins à Gaudin, le maire de Marseille ! On est patriotes, nous. On voulait montrer quelqu'un de présentable. » Henri s'assoit au premier rang, compte rester dix minutes. Édile avec de vrais sujets d'aménagement, ayant connu le privé chez Areva, et parvenant ce jour-là à pratiquer une autre langue que le français technocratique, le maire du Havre tape dans l'œil du patron d'AXA. Il l'invite à petit-déjeuner avenue Matignon, au siège du groupe.

Assez peu réceptif au manque de chaleur et à l'orgueil d'Alain Juppé, Henri de Castries découvre à cette occasion un homme certes au service du maire de Bordeaux, mais échappant à trop de gémellité avec son patron. Philippe lui semble *smart*, naturel et, surtout, décontracté. « À la fin du petit déj', j'étais convaincu qu'il était *Bilderberg material*. »

Voilà autre chose. Le groupe Bilderberg, fondé en 1954, a pour but initial de favoriser les relations entre les États-Unis et l'Europe. Il suscite depuis bien des fantasmes, puisqu'il réunit chaque année dans des hôtels fermés au public et à la presse des séminaires inédits où se côtoient des patrons de multinationales, des diplomates, des ministres, des princes, des responsables médiatiques, et des personnalités comme Henry Kissinger. Les plateaux sont sacrément relevés. Il appartient au comité directeur, présidé par Henri de Castries à partir de 2012, de choisir les invités.

Dans son avion pour Dresde, avant d'y loger ses passagers au Taschenbergpalais, Henri embarque le 9 juin 2016 le directeur du *Point*, Étienne Gernelle, Patricia Barbizet, la directrice générale de la holding des Pinault, et Édouard Philippe. Deux ans plus tôt, c'était le tour d'Emmanuel Macron. Une année encore avant, celui de François Fillon. Parmi les thèmes retenus en 2016 : « Crise des migrants, croissance, réforme : vision et unité de l'Europe », « Cybersécurité », « Précariat et classe moyenne ». Philippe, qui s'apprête à passer trois jours avec l'ancien président de la Commission européenne José Manuel Barroso, le Premier ministre néerlandais, Mark Rutte, ou Michael O'Leary, le fondateur de Ryanair, se sent dans la tenue d'un « joueur de deuxième division ».

« Déjà, c'est intéressant qu'il dise ça », commente Henri de Castries dans son bureau de La Blottière, quatre ans et demi plus tard. Nous sommes après le café, il rembobine. « Je me souviens de mon premier Bilderberg, quand je venais de prendre la tête d'AXA en 2000, j'avais l'impression d'être le bébé dans la fosse aux lions. C'est aussi la magie de ce truc : sont réunis pendant trois jours des gens aux responsabilités importantes, de tous les secteurs, venus du monde occidental, et à qui on a expliqué que la règle du jeu c'est non seulement d'être actif pendant les séances mais aussi de profiter des interséances pour échanger avec les autres et se connaître. Il n'y a pas tant de monde que ça et c'est pour cela que ça fonctionne : c'est ultra sélectif. Ce n'est pas Davos ! Plutôt une salade niçoise de gens qui sont tous dans des positions intéressantes ou qui ont tous fait des trucs qui sortent de l'ordinaire. On y mesure l'intérêt de les mettre sur un pied d'égalité. De les sortir de leur environnement habituel. On refuse que les gens viennent avec des assistants. Tout le monde dort dans le même genre de chambre d'hôtel. Et seuls les chefs d'État ont droit à un garde du corps. »

Philippe avait-il le niveau pour être là ? « Ce qui est important, ce n'est pas la position instantanée, c'est le potentiel. J'avais envie de l'emmener. Je voulais féminiser, rajeunir, et, côté français, je voulais montrer que les Français qui s'intéressent au reste du monde ne se limitent pas à Thierry de Montbrial. Déjà, chez AXA, je considérais qu'une de mes responsabilités était de dénicher les talents et de les exposer pour les faire accélérer. »

À Dresde, le premier dîner doit servir à briser la glace. Dès le lendemain, la grosse centaine d'invités travaille de 8 h 30 à 19 heures. Les séances durent entre quarante-cinq minutes et une heure trente. À chaque fois, un panéliste introduit la problématique, puis le feu roulant des questions donne corps à la session. Les places sont attribuées par ordre alphabétique. Philippe voisine avec le général David Petraeus, ancien directeur de la CIA. Au fur et à mesure, le format prend le pas sur la découverte : chaque participant étant supposé avoir été rigoureusement choisi. « Tu finis par te sentir légitime », se tranquillise Philippe. D'autant plus quand il recroisera Mark Rutte dans ses fonctions à Matignon.

Quand Emmanuel Macron croque tout, tout le temps, y compris lors du Bilderberg 2014 à Copenhague, où le Français avait séduit son monde par ses doubles saltos relationnels, Philippe garde une attitude plus distanciée, un peu spectateur. Aujourd'hui encore, il se dit impressionné par la capacité d'Henri à avoir au téléphone un prince saoudien ou à se retrouver systématiquement sur la liste des gens à voir quand un dignitaire international fait escale à Paris. Édouard Philippe confie avoir plusieurs fois sérieusement réfléchi à nommer Henri dans son gouvernement, quand il était Premier ministre. Aux Affaires étrangères. À la Défense, aussi. Et peut-être même aux Finances. D'expérience, je crois savoir que le couple Castries aurait refusé par prudence le dernier portefeuille.

Lorsqu'Alain Juppé a perdu la primaire de la droite en 2016, les deux premiers fillonistes à avoir appelé Philippe ont été le directeur de campagne du vainqueur, Patrick Stefanini, et Henri de Castries. « Je lui ai passé un coup de fil car je me disais "Mais bon sang, chez Juppé, c'est lui le vrai talent". » Henri poursuit : « Moi-même, j'étais en marge dans cette campagne. À la fois proche car je suis un ami de François, et en marge car je suis chef d'entreprise. Les politiques comme Bruno Le Maire me regardaient avec l'air de dire : "Que fait-il là ?" »

Édouard Philippe refuse d'emblée un poste de porte-parole que lui propose Fillon. Voilà une des raisons pour lesquelles je ne le considère pas comme un traître à part entière chez les LR. Un peu à l'image de François de Rugy, qui n'avait rien à faire chez les Verts, Philippe n'avait pas sa place en fillonie. Trop conservatrice, trop peu son style, trop peu son monde. Il a eu la décence, ce ne fut pas le cas de tous ses copains, de considérer que cette histoire n'était pas suffisamment la sienne pour se déporter – un temps – dans l'oubli.

Henri de Castries comptait pourtant pousser son nom pour qu'il devienne ministre auprès de François Fillon, en cas de victoire de la droite. « La meilleure preuve que c'était un talent, c'est que Macron l'a repéré. »

Henri a déjeuné le 26 janvier 2021 avec Édouard, et n'a pas changé d'avis depuis que son interlocuteur a dû quitter Matignon. « Je l'encourage à élargir et approfondir sa vision du monde. Voir le maximum de gens dans le maximum d'endroits. Il faut qu'il regarde la transformation technologique. Qu'il réfléchisse à quels sont les grands enjeux et leurs modes de résolution. Il faut qu'il décante. Qu'il passe quelques heures avec Kissinger avant que ce dernier ne meure. Qu'il sache répondre à la question : “Que vont devenir les États-Unis et la Chine ? ” Il se doit d'être mieux identifié à l'international. Savoir analyser les nouveaux modes de gouvernance qui émergent. Sortir du juppéisme, cet étatisme desséché. Fuir les grands partis qui se laissent dicter leurs passions par l'émotion. Qui n'ont pas cherché à développer une pensée cohérente. La grande question, désormais, c'est qu'a-t-il envie de faire de sa popularité ? Or la popularité, ça va, ça vient… Quel bateau prend-il ? Dans quelle direction ? À un moment, la seule force du vent ne sera pas suffisante. Si Macron n'y va pas, il lui faudra partir à l'abordage avec un équipage. Si Macron est réélu, il faudra qu'il pense à 2027 dès la première seconde de la première minute du quinquennat. »

Quand on a été Premier ministre, qu'on a lu un certain nombre de livres et fréquenté un certain nombre de gens, comment peut-on progresser ? J'avais en tête ce que m'avait dit le président de Carrefour, Alexandre Bompard, sur la trajectoire de l'un de ses meilleurs amis. « À partir de 2007, le président Sarkozy a fait émerger une génération de jeunes ministres, comme Valérie Pécresse, Bruno Le Maire ou Laurent Wauquiez. Édouard, lui, est resté dans son couloir. L'horloge tournait à son rythme. Il ne cherchait pas de portrait dans les médias. Ni le petit écho vipérin. Il s'investissait au Havre. Ce qui me frappe, c'est la linéarité et la cohérence de sa construction. En son for intérieur, il savait qu'il progressait avec une patience toute normande. Et un puissant rapport à l'histoire et à la littérature. » La suite ?

J'ai attendu un énième aller-retour au Havre pour poser la question à l'intéressé. La veille, j'achète un pomerol de 2006 dont je lui envoie la photo, pour le mettre en appétit. Une fois ensemble le lendemain, et après avoir dégusté la moitié du flacon de ce vin suave, nous remontons la frise de ses ambitions. Enfant, il était assez bon à l'école, sans travailler beaucoup. Sa mère s'en inquiétait. Elle lui disait : « Mais quand tu vas devoir travailler, pourras-tu progresser ?» Son fils, manifestement talentueux et un brin dilettante, lui répondait de ne pas s'en faire. Il en a un paquet sous l'accélérateur, promet-il. Pour le moment, certes, il n'est pas le meilleur de sa classe, mais ceux qui sont devant lui, il perçoit qu'ils sont déjà à fond. Lui, non. À la fin de ses études, pour se persuader de ses capacités de mémorisation, il cesse de prendre des notes pendant les cours.

Édouard Philippe affirme qu'il pourrait dire la même chose aujourd'hui que ce qu'il rétorquait à sa mère petit. S'il appuie, il peut rouler bien plus vite.

Comment ? «Notamment en côtoyant plus de gens intelligents et en voyageant.» Il a plein de choses à apprendre. «Mais je pense savoir comment les apprendre.» La pandémie a coupé les ailes des avions dans lesquels il voulait s'installer. À commencer par les vols pour la Chine. Il aurait voulu donner des cours à l'étranger. À son âge, un arbre pousse par les branches : il aimerait tant se déployer. Objectif, s'il faut se comparer à ses prédécesseurs : une vie moins unidimensionnelle que celle de Lionel Jospin ou de Jean-Pierre Raffarin.

Attention : l'idée de lâcher la politique l'a plus qu'effleuré. Ses calculs donnaient, en travaillant moins d'heures que désormais, 500 000 à 600 000 euros par an. Facilement. Mais non : même à ce tarif il préfère ne pas en rester là. Donc, il se prépare. Il pourrait, prévient-il, devenir président dans cinq ans, dans dix ans. Ou dans six mois. « Sait-on jamais. »

De la biographie de De Gaulle écrite par Jackson (une des favorites d'Henri), il a retenu que, pour diriger un pays, il faut quelques idées claires et beaucoup de volonté. Il considère avoir des progrès à faire en termes de clarification de ce qu'il veut, et donc d'élimination de ce qu'il ne veut pas.

« Vous voulez dire, de ce que vous voulez pour la suite de votre carrière ?

— Non, pour mon pays. J'ai un travail d'enracinement à réaliser. Ici, au Havre, je comprends bien. Je peux expliquer assez longuement la différence entre le pays de Caux et le pays d'Auge. Je n'ai pas de problème là-dessus. Mais il y a des tas d'endroits en France que je ne connais pas, ou que je ne sens pas assez bien. Si vous ne savez pas ce qu'est un montagnard, si vous ne comprenez pas ce que c'est qu'un Alsacien, un Nordiste ou un Auvergnat, vous ne comprenez pas le pays comme il faut. Prenez Marseille : j'y suis allé quand j'étais Premier ministre, j'y suis retourné depuis. Il faut que je comprenne mieux Marseille. Mais ça y est, ça vient. »

Les présidents connaissant intimement la France fascinent le Normand. La passion de Mitterrand pour la plume de Chardonne, le cimetière de Jarnac où il repose, sa tombe dans une petite chapelle, les autres stèles alentour, ont quelque chose d'éminemment français. J'avais visité le petit musée, en face, dédié au défunt. Une des premières choses sur laquelle on tombe, dans cette exposition permanente, est l'extrait d'un de ses livres où il décrit les toits de la Charente, la couleur de leurs tuiles, l'aspect des villages. Avec une poésie que la précision n'élime pas.

Édouard Philippe, debout dans la galerie imaginaire des chefs d'État français, contemple le tableau de Chirac pratiquant la politique, les sens en alerte. Le dessin achevé tardivement d'un Nicolas Sarkozy rattrapé par la fonction, les traits plus légers d'un François Hollande très et trop souvent superficiel. L'œuvre un peu abstraite d'un Emmanuel Macron plus intellectuel, avec un rapport au pays moins charnel que subtil.

Sur la philosophie politique d'Emmanuel Macron, je tente une question critique : dans un monde où la technologie, les mœurs, la désaffiliation, poussent d'elles-mêmes à l'individualisme, comment croire au caractère opérant du pari public de l'émancipation, concept pivot du projet présidentiel ? « Émancipation, solidarité, et histoire commune », rectifie d'un tryptique son ancien Premier ministre.

Et lui, quelles seraient ses bases ? « Plutôt puissance. Car la France a des intérêts et il faut les faire prévaloir. Plutôt projet, comme j'estime le faire au Havre. Ordre, mouvement, projet, je dirais. » Voilà son tripode de droite et de gauche. Louis-Ferdinand Céline aurait dit, pour décrire ce processus politique qui s'affine, que « ça glougloute » en ce moment, chez Édouard Philippe. Lui distingue, quand il s'ausculte, « un bouillonnement intérieur ». De son temps au service d'Alain Juppé, il retient que sa réflexion était trop majoritairement tournée vers les instruments que sont les réformes. Il pense avoir mûri : « Maintenant, je vise les points de chute. » Et quand il juge les hommes, il se concentre désormais plutôt sur les tempéraments que sur le degré d'intelligence. Une des leçons, dit-il, de Matignon.

On glisse subrepticement sur la suite : penser, ou pas, que l'on puisse devenir un jour président de la République. Qu'on en a le talent, la capacité, l'aura. Pour commencer, je pose de manière détournée la question à Benoît Ribadeau-Dumas, son ancien directeur de cabinet, son meilleur ami.

« Il y a un truc très clair, et c'est Édouard qui me l'a dit dès le début : président et Premier ministre, ce n'est pas pareil. Édouard a été un très bon Premier ministre, mais j'ai beau l'aimer d'amour tendre, je ne l'ai pas pensé tout de suite. J'ai vu sa progression. Aux premiers jours du quinquennat, le président de la République était sur un tapis volant. La majorité, elle, se demandait si on n'était pas des aliens ou des traîtres. Édouard s'est dit : "On va y aller doucement." En six mois il a pris de l'épaisseur, en un an c'était bon. La grande force d'Édouard, c'est la patience, la constance.

— On parle aussi de la distance.

— Oui, mais il ne faut pas sous-estimer le degré d'efforts qu'il y a derrière. Cette distance sur les choses n'est pas naturelle. Elle renvoie à une discipline, une éducation. Car à côté de ça il est orgueilleux, a le goût de tenir son rang ; il peut être susceptible. Cette distance n'est pas juste du détachement inné, c'est du contrôle de soi. Je l'ai vu sortir de réunions où il avait été impeccable, marmoréen, tandis qu'il aurait bien tout pété en réalité. »

Benoît Ribadeau-Dumas et Édouard Philippe utilisent, pour illustrer si quelqu'un est ou non taillé pour un job, la même métaphore. Ils parlent d'une boîte. Cette boîte rétrécit au fur et à mesure que la fonction grandit. Celle du président étant celle dans laquelle on se sent le plus à l'étroit puisqu'on doit être à la fois disruptif et rassurant, se montrer à la hauteur mais proche et humain. Pour Édouard Philippe il faut, pour demeurer dans ce carré présidentiel, un ton, une incarnation, être classe en restant simple. Ne pas s'agacer.

En lui remettant les clés du Havre en 2006 – au sens propre, car la clé existe –, l'ancien maire Antoine Rufenacht lui donne trois conseils : « Sois à l'heure ; mets une cravate ; aime les gens. » Contrairement à Emmanuel Macron, qui s'enorgueillit de ne pas l'être, Philippe est ponctuel. Et il pense d'ailleurs que les retards du président de la République n'ont rien d'anecdotique.

Au chapitre des ingrédients d'une ambition, il demeure dans l'esprit de tous une interrogation. Celle de la faim, pour un homme politique réputé rassasié. « J'adore qu'on dise que je préfère exercer le pouvoir que le conquérir, se redresse Philippe. Je ne vais pas vous dissuader. Surtout pas. Écrivez-le comme ça ! Je n'ai pas perdu une élection sur mon nom depuis 2002. Mais surtout ne l'écrivez pas. Je préfère qu'ils continuent de le croire. Faire campagne, j'adore ça. Mais une bonne partie de mon avantage vient du fait que les gens pensent que ce n'est pas le cas. »

Une famille

Assez vite, au début de ce projet, j'ai rêvé d'Édith Chabre. Je ne l'avais jamais vue de ma vie, mais mon inconscient a dû se baser sur les quelques photos que l'on trouve sur Google Images. Dans mes projections, elle était timide, parlait d'une voix féminine. Quand j'ai raconté ça à son mari, il m'a pris pour un dingue, mais il a rigolé.

Avant même d'écrire ce livre, en fait, je savais que je ne la rencontrerais pas : j'ai une amie, maman comme elle, qui vit dans le 9e arrondissement – leurs fils aînés se connaissent. Elle m'a toujours décrit la femme d'Édouard Philippe comme discrète et ne mentionnant jamais l'activité politique de son mari. Quand j'ai appris qu'elle avait passé son triennat à Matignon sans officier de sécurité et en usagère de la RATP, je n'ai pas été surpris.

Lors de notre premier rendez-vous, Édouard Philippe m'engage à ne pas creuser cette voie pour en savoir plus. Ou bien de m'attendre à ce qu'il m'en veuille.

Il y a dans le bureau d'Édouard, cachée dans un tiroir, une jolie photo d'elle et lui. Il me l'a montrée le jeudi

10 décembre, à la fin d'un de nos dîners, et il avait l'air amoureux. Elle date du jour où il a pris possession du fauteuil de maire. On y voit deux couples, de trois quarts. Les Rufenacht, et eux. Édith porte un imper entrouvert, elle regarde vers le sol, amusée et pensive. Ils se tiennent la main. Sans tous les doigts, je crois. Dans le premier documentaire de Laurent Cibien, *Édouard, mon pote de droite*, un quidam havrais demande à Philippe lors d'une réunion publique si sa femme se trouve dans la pièce. En l'occurrence, non. Cependant le candidat aux élections municipales précise sans que ce lui soit demandé qu'elle est « très belle ».

Depuis 2013 et son inscription sur Twitter, elle a commis huit tweets, dont un en retweetant une énième vanne de Gilles Boyer. Il paraît qu'elle se positionne moins à droite que Brigitte Macron, mais Édouard Philippe assure qu'elle n'éprouve pas d'horreur à savoir un journaliste de *Valeurs actuelles* écrire un livre sur son mari. Elle bosse à l'école Camando, où sont formés de très bons architectes d'intérieur, à Paris. Édith a longtemps travaillé à Sciences Po, période Richard Descoings. Lors des fêtes et des mariages réussis, comme celui de Gérald Darmanin à Tourcoing à l'été 2020, elle enlève ses chaussures pour danser. C'est chez elle le signe qu'elle s'égaye.

Henri de Castries n'a fait que la croiser. Jacques-Emmanuel Saulnier, un ancien collègue d'Areva aujourd'hui directeur de la communication de Total, se ferme avant qu'on ait commencé à chercher : « Je ne vous dirai rien. » Les Philippe ont pris l'habitude de vivre à distance. Lui au Havre, elle à Paris. Parfois l'inverse, il y a quelques années. Édouard Philippe se corrige lui-même en commençant des phrases par « Ma femme vous dirait que… ». Il n'était pas beaucoup là ; qu'il ne s'est pas toujours acquitté d'autant de tâches, concernant la maison ou les enfants, qu'il faudrait.

On ne peut pas dire d'Édith que la politique ne l'intéresse pas. Mais la lumière ou les manœuvres, ce n'est pas vraiment ça. Charles Hufnagel affirme que, dans la vie d'Édouard, « elle compte pour 99 % ». Philippe répond que Charles n'a pas tort.

« Mais qu'est-ce que vous voulez ? m'interroge-t-il un soir où je le presse.

— L'inviter à dîner avec vous. »

Laurent Bigorgne, le directeur de l'Institut Montaigne, l'a fréquentée lors de leur période commune à la direction de Sciences Po. Il la trouve épatante, dotée d'un charme fou, adorable, cultivée, rigolote. Assez apolitique.

C'est peut-être pour elle que son mari n'est pas devenu maire de Paris. En 2019, de nombreux articles font état de cette hypothèse. Feu Antoine Rufenacht signe même une tribune déroutante dans *Le Figaro*, invitant son successeur au Havre à marcher dans les pas de Jacques Chirac.

Cette candidature, comme l'explique Édouard, « n'était pas alimentée que par des ennemis ». Gérald Darmanin y croit à fond. La droite parisienne, dont le sénateur Pierre Charon ou le regretté Claude Goasguen, visite en ce sens son bureau de Matignon.

Très tôt dans le quinquennat, Philippe se pose la question. Il se souvient bien être entré un jour dans le bureau de BRD, Benoît Ribadeau-Dumas, pour lui dire : « Tu sais quoi ? Le vrai sujet qui pourra se poser un jour, c'est celui-là. » Son directeur de cabinet le regarde alors, ahuri. Le Premier ministre ne nie donc pas y avoir réfléchi. Il écarte finalement cette possibilité pour des raisons assez simples : cela l'aurait contraint à partir de Matignon plus tôt qu'il le souhaitait ; il aime vraiment Le Havre et a très envie de s'y enraciner encore, par choix humain autant que politique ; Édith ne voulait pas. « Elle ne voulait pas être la femme du maire de Paris. Mes enfants non plus d'ailleurs. » Ils ont eu une discussion en famille. La mairie du Havre ? OK. La présidence de la République ? OK. Mais pas la mairie de Paris.

Édouard et Édith ont trois enfants. Anatole et Léonard sont de grands adolescents. Sarah a onze ans. Ils ont pu échapper aux ricochets de la publicité. Sauf peut-être la dernière, un temps embêtée par l'un de ses camarades à l'école durant la période papa Premier ministre. Ils n'ont jamais vécu à Matignon, mais ont pu y jouer au foot. Leur père rêvait pour eux, dès son entrée en fonction, d'une immense bataille de boules de neige dans les jardins. Édouard Philippe les a emmenés en week-end à Souzy-la-Briche, où les Premiers ministres français disposent d'un charmant petit château de villégiature. Comme nous vivons une époque de guichetiers, il a gardé les factures de leurs repas pour les contrôles.

Son couple et l'éducation de ses enfants laissent place à l'autonomie. Les aînés restent parfois seuls au

Havre dès leurs treize et onze ans. «C'est tôt, hein?», anticipe-t-il. Oui. Anatole, l'aîné, a eu dix-huit ans cette année 2021. Il est parti étudier à Édimbourg. «Penser qu'en août il n'est plus là », ne réalise pas son papa. «Qu'il ne reviendra pas. Juste, il s'en va ! » Lui a quitté le domicile de ses parents à dix-sept ans. Sa mère en avait quarante-trois.

Elle ne l'a pas perdu de vue : lors des travaux de ravalement dans son immeuble havrais en 2020, son fils logeait chez elle. On peut passer de Matignon à retourner vivre chez sa mère en quelques semaines. Plusieurs fois, elle a appelé durant nos dîners. Plusieurs fois, il a décroché. «Je ne suis pas seul, maman. — Ah, mais j'avais plein de choses à te dire.» Elle s'inquiète, car Anatole a attrapé le Covid. «Mais je l'ai eu et Édith aussi, maman. Dans notre cas, il faut juste attendre que ça passe.» Au printemps, à peine la promotion de son livre entamée, elle a une alerte de santé. Il l'accompagne quand elle est hospitalisée.

Dans *Des hommes qui lisent*, le seul de sa bibliographie où il parle véritablement de lui, Édouard Philippe raconte sa structuration familiale. Une enfance à Grand-Quevilly, près de Rouen, dans une France périphérique étonnamment choisie par Laurent Fabius comme fief. Son père travaille comme professeur, lui transmettant, ainsi qu'à sa sœur, une éducation libérale mais studieuse. Son arrière-grand-père, docker, donc cégétiste, s'appelait Louis, et était déjà porteur, paraît-il, «d'un gène propre à la famille Philippe, celui qui rend compliquée la communication directe entre un père et son fils».

Le destin se mêle de la vie de Charles, le grand-père paternel d'Édouard Philippe. Caddy le week-end au golf du Havre, il devient le ramasseur de balles attitré d'un négociant fortuné, Édouard Senn. Lequel, après en avoir fait son chauffeur, le nommera directeur de son entreprise. Édouard Senn collectionne les tableaux, et une importante partie des œuvres impressionnistes du musée d'Art moderne du Havre proviennent de sa collection. Le père d'Édouard s'appelle Patrick. Il est mort en 2014.

La politique, plante cannibale pour famille en danger, happe Édouard Philippe. « Sarah ne me reconnaît plus quand elle me voit, plaisante-t-il à moitié, dans un documentaire. Elle dit "Bonjour monsieur" ; c'est quand même un peu embêtant... »

Depuis des années, il dit qu'il ambitionne de passer du temps avec ses enfants. Que les enfants doivent l'empêcher d'être absent. Que quand il est présent, chacun essaie de se tenir éloigné du téléphone, des écrans. Il les aime, fort, et, sans les dévoiler, il en parle tout le temps.

Après l'élection municipale de 2014, ils sont allés ensemble au Maroc. Ils se rendent plus souvent en Italie. À chaque fois que l'un d'eux atteint l'âge de dix ans, Édouard Philippe part, seul, une semaine en vacances avec lui. A-t-il donc vaincu la malédiction qui touchait ses aïeux, ce tenace problème de communication ? « *So far so good*, je suis prudent. Mais j'y travaille ! »

À l'occasion de mon précédent livre, François Fillon m'avait dit : « Des amis, je dis bien des amis, j'en ai très peu.» Édouard Philippe en a plein. On pourrait les classer sous forme de cercles plus ou moins proches, cloisonnés les uns des autres, bien qu'il arrive qu'ils se croisent, notamment le soir de son anniversaire. Cet homme mûr revendique qu'aucun d'eux ne le connaît «complètement». Seule sa femme alors? «Je ne dirais pas ça. Je ne cherche pas ça. Même vis-à-vis d'elle j'ai un jardin intérieur.» Il ajoute, cette fois: «Ma femme est très, très intelligente...»

Des amis

Ils les côtoient dans des maisons transalpines, des hôtels du sud de la France, devant des matchs de foot à Matignon, ou dans le salon de son appartement du 9e arrondissement parisien. Les amis d'Édouard Philippe s'appellent Gilles Boyer, Alexandre Bompard, Benoît Ribadeau-Dumas, Guy Alvès, Frédéric Mion, Frédérique Giavarini, François Bénichou, Alexandre Jeudy. Ils sont, ou ont été, dirigeants de Sciences Po, d'une boîte de production audiovisuelle, de Carrefour, d'une banque, de Scor ou Bygmalion. Charles Hufnagel appartient plutôt au deuxième cercle. Henri de Castries et Madjid Nassah sans doute au troisième ou au quatrième, s'il fallait les situer.

Madjid, l'entraîneur de boxe d'Édouard, je le rencontre l'hiver dernier. Il dégage une personnalité aussi solide que ses appuis. Ses parents sont originaires de Kabylie. Adolescent, un de ses cinq frères vient le chercher à l'école. « J'ai su qu'il y avait maldonne. Il m'annonce le décès de mon père. Je deviens un bonhomme en une seconde. »

Pour nourrir ses enfants, sa mère achète 25 kilos de pommes de terre et 25 kilos de semoule de couscous par mois. « Mon plat préféré, c'étaient les patates avec du beurre. Ma mère ne m'a avoué qu'après qu'il s'agissait pour elle du plat des fins de mois. Alors que moi je n'attendais que ça. » Enfant, après Noël, Madjid ment à l'école. « J'inventais avoir reçu des jouets très chers, mais c'était invérifiable, car je choisissais ceux qui restent à la maison, comme des consoles Nintendo. » Côté voyages, la famille affiche un bilan carbone « très léger ». Il ne retourne « au bled » que tard.

Quand Édouard Philippe devient maire en 2010, lui et Madjid, qui tient un club de boxe et multiplie les engagements associatifs, se croisent en quelques occasions. Jusqu'au jour où ils se retrouvent en tête à tête dans le grand bureau de Philippe. Après avoir évoqué la salle et l'association Émergence, au bout de quinze minutes, le maire coupe et lance : « Bon, et toi, comment tu vas ? » Passée la petite surprise, Madjid déroule sa vie. Verbalise ses frustrations, son énergie sous-exploitée. Il suffit de lui serrer la main pour le savoir.

Édouard lui confie ce jour-là avoir un projet. Assez simple en somme : apprendre à boxer. « Combien tu me prends pour me coacher ? » Ils deviennent potes. Quand il lui remet trois ans plus tard *Des hommes qui lisent*, l'auteur commence sa dédicace par ces mots : « Pour Madjid, à qui ce livre doit beaucoup. » « Je n'avais pas besoin d'argent, mais plutôt de relire *Les Misérables* », résume l'entraîneur.

C'est parti. Chaque matin d'entraînement, généralement calé à 7 heures, Philippe arrive à l'heure, voire en avance. Parfois, il fait la route depuis Paris. Et parfois, il roule comme Fillon : vite. Sur place, au cœur du quartier Mont-Gaillard, Madjid tente de retenir ses coups. C'est plus compliqué pour Masto, un ancien légionnaire, et son allonge incontrôlable. «En boxe, il faut gérer ses émotions, introduit le coach. Le gros plus d'Édouard, c'était sa détermination. Il a la peau fine, mais le cuir épais. Son cerveau fonctionne bien, donc il a une bonne coordination.» Le député-maire reçoit quelques petits enseignements au passage. «Il arrive avec sa prestance, son milieu. Le sport lui offre quelques leçons d'humilité. Il a vu de très près la bâche du ring. On l'y a vu bien étalé.»

Installé à Matignon, Philippe revient boxer de temps en temps, avec ses gardes du corps, à Mont-Gaillard. Un matin, un docker à dreadlocks en train d'effectuer son service civique, jusque-là goguenard, lâche son balai de ménage en voyant débouler toutes les camionnettes du dispositif de protection. «Alors, t'ouvres moins ta grande gueule, là », le rabroue Madjid.

Que son élève devienne Premier ministre ne le surprend pas tant que ça. «Au bout de six mois à boxer, je me dis que j'ai affaire à un homme d'État. Plus il vient, plus je trouve qu'il a de l'aura. Il ne lâche rien et je mesure la hauteur qu'il prend sur certains sujets. Par ailleurs, il a beau ne pas être souple, Édouard sait faire le grand écart. Il parle aussi bien à des mecs d'ici comme à la bourgeoise qui veut pas voir de rebeus en centreville.»

Madjid ne se débrouille pas si mal non plus. Pendant la période Matignon, avant de rentrer dormir au pavillon de musique, situé au fond du parc, il dîne un soir avec son copain Premier ministre chez de grands antiquaires parisiens, un couple homo, dans le centre de Paris. Énorme appartement à la décoration signée Jacques Garcia. Il dîne un autre soir avec l'ancien ministre Hervé Gaymard, génie et grand brûlé de la politique : Philippe a offert à Madjid le livre *Bonheurs et grandeur* de Gaymard, essai sur *Ces journées où les français ont été heureux*. Le Premier ministre l'emmène en voyage officiel au Sénégal et le fait évidemment venir à l'avant de l'avion pendant le vol pour lui présenter l'Airbus A340. En septembre 2018, quand Philippe affronte Wauquiez sur le plateau de *L'Émission politique* de France 2, ceux qui ont l'œil aperçoivent son prof de boxe dans le public.

Cette émission, Édouard l'a préparée avec Gilles Boyer. Dans *Rase campagne*, son livre catharsis pour exorciser la campagne perdante d'Alain Juppé à la primaire de la droite en 2016, Boyer dit de Philippe qu'il est son « frère ». Ils ont écrit ensemble *Dans l'ombre*, un polar politique plutôt bon, très vraisemblable et parfois même un peu visionnaire. Ensemble pour une raison très simple chez Édouard : « À l'époque, je pensais que je n'étais pas capable de faire un livre seul. » Depuis plus de quinze ans, les deux jouent un numéro de Plic et Ploc avec les journalistes politiques : confidences, second degré, stratégie. Gilles officie toujours comme conseiller de l'ombre, puis comme eurodéputé anonyme, quand son alter ego prend la lumière. Le destin de l'un décolle, tandis que le teint de l'autre demeure gris. Sur le plateau de Laurent Delahousse, le 4 avril 2021, quand les deux amis sont venus présenter *Impressions et lignes claires*, Boyer paraît plus falot que jamais.

Vous trouverez beaucoup de gens dans Paris pour vous dire qu'il ne faut pas partir à une élection avec Boyer. Qu'il est un chat noir. Lui a plus que ruminé la défaite de Juppé, dont il se savait, dans le regard du Bordelais, le visage. Moi, il m'a toujours mis mal à l'aise. Non pas que je le trouve nul : à l'inverse, je me sens nul en sa compagnie. J'ai toujours le sentiment, les fois où je l'ai croisé, de lui faire perdre du temps. Que mes questions tombent à plat et s'écrasent. Ne méritent pas d'être posées. Pour être très franc, je me suis senti libéré quand il a quitté Matignon pour devenir député européen en mars 2019. Il partageait, avec Charles Hufnagel, le bureau voisin d'Édouard Philippe, au premier étage. Devenant ami avec Charles sans partager son amitié pour Gilles, je me suis senti moins illégitime de rendre visite à Charles une fois Gilles parti.

Enfin, parti… « Gilles, il est là, il n'est pas là, mais il est là », recadre Édouard Philippe, qui l'a quoi qu'il en soit trois fois par jour au téléphone. Son « frère » ? Il ne sait pas. Il n'en n'a pas. Gilles non plus, d'ailleurs. Ils demeurent diablement proches. Au point, tout de même, qu'un ancien Premier ministre utilise uniquement le *nous* quand il écrit son best-seller *Impressions et lignes claires*, un traité sur le pouvoir, la différence entre présider et gouverner, les leçons de son passage à Matignon. Au point d'effectuer par la suite, au printemps 2021, un tour de France des librairies (et des élus philippo-compatibles) avec Boyer, et de bien se marrer.

Mais pas au point de connaître l'intimité de son intime : « Je ne sais pas si en ce moment Gilles a une copine. Et je ne veux pas le savoir : ce serait bizarre de savoir des trucs comme ça sur lui. » Pas au point de partir en vacances ensemble, non plus.

Pour les vacances, il part plutôt rejoindre, par exemple, Alexandre Bompard. Dont une fois à la jolie Bastide de Gordes en juillet 2018, un très bel hôtel du Luberon. Séjour dûment relevé à l'époque par *Le Canard enchaîné*, qui précise dans son article que le Premier ministre a payé sa chambre. Et donc ?

Alexandre Bompard, cela fait longtemps, pour qui suit un peu, que l'on en entend parler. Déjà, quand il dirige les sports de Canal + puis Europe 1 dans les années 2000, la presse lui tire le portrait ; conquérant aux traits d'enfant. Bompard a parmi ses meilleurs amis Antoine Gosset-Grainville, l'un de mes personnages préférés en fillonie. Antoine fut le directeur adjoint du cabinet à l'époque Matignon. Bompard a lui-même été un an le jeune conseiller de Fillon au ministère des Affaires sociales, en 2003. C'est aussi un bon copain d'Henri de Castries. Après avoir fusionné la Fnac et Darty, il préside aujourd'hui le groupe Carrefour. Alexandre Bompard correspond au profil du patron du CAC 40 professionnellement opportuniste, qu'on voit autant postuler à la présidence de France Télévisions qu'au titre de patron de l'année. En attendant le coup d'après. Il se classe, aussi, comme l'un des chefs d'entreprise les mieux payés du pays.

Pas loin d'avoir cinquante ans, inspecteur des Finances, trajectoire ascendante sans faux plat, réseau sans numéro de téléphone important manquant, il arbore un visage assez juvénile, qui lui donne un air d'éternel meilleur espoir du capitanat d'industrie français. « Je l'ai repéré très tôt dans les raouts de l'inspection des Finances, relate Henri de Castries, qui vient du même corps. Il possède une grosse culture historique sur la Seconde Guerre mondiale, sa femme Charlotte est formidable. Rapide, intuitif, habile dans la négo, son ego ne bouche pas sa vue. Et il n'est pas le genre de patron à porter ses causes en bandoulière. » L'inverse d'un Faber, l'ex-patron de Danone, qui donnait des leçons de vie pure à la Terre entière. Néanmoins assez *mainstream* sur le plan idéologique, Bompard communique beaucoup sur la transition écologique ou sur « l'égalité des chances ». Le classiquement droitier Camille Pascal, ami de Sarkozy, conseiller de Castex, et romancier accompli, avertit : « C'est une intelligence en fusion permanente, et plutôt un bon camarade. » Charmeur au point de convaincre un Charles Hufnagel venu lui dire non pour le rejoindre chez Carrefour, lorgnant sur d'autres grosses entreprises pour l'après-Matignon, et ressorti ferré du bureau.

Bompard a deux ans d'écart avec Édouard, qu'il croise en arrivant à Sciences Po Paris, où le futur Premier ministre prépare l'ENA. La rencontre a lieu dans une librairie en face de l'école. Philippe, alors employé de la boutique, se trouve occupé à ranger des livres. Voyant son benjamin prendre une mauvaise référence sur un rayon, il le recadre et le réoriente sur un autre ouvrage. Ils font ensuite plus ample connaissance au Basile, le troquet du coin prisé des élèves. Alexandre se marie avec l'une d'elle, Charlotte, qui deviendra magistrate, faisant carrière comme vice-présidente au tribunal de Bobigny ou à la lutte anti-blanchiment, avant de devenir conseillère Justice d'Édouard Philippe et cheffe de pôle à Matignon. Bosseuse acharnée et du genre passionnée, elle a la réputation de martyriser ses patrons. Son mari prenait régulièrement des nouvelles de son directeur de cabinet. BRD a survécu…

Bompard, c'était jusque-là uniquement un ami personnel du couple Édouard-Édith. À Matignon, on le voit durant la période de la Coupe du monde 2018, à boire des bières rue de Varenne pendant les matchs du dernier tour, et sur le boulevard Saint-Germain après la finale avec son copain. On l'aperçoit aussi lors des soirées électorales ou à l'occasion d'une visite du Louvre réservée aux collaborateurs et à leurs conjoints. « Nous échangions par SMS ou au téléphone, et je ne passais pas très souvent. Dans ces moments-là, je laisse du champ. Je ne crois pas trop aux visiteurs du soir. Cela tombe bien : ce n'est pas non plus le schéma d'Édouard. »

En observant ce que François Fillon puisait chez Henri de Castries, j'ai découvert l'intérêt qu'un homme politique avait à s'entourer d'un patron international. Henri et François sont devenus amis après s'être rencontrés dans des formats plus institutionnels. Pour Bompard et Philippe, c'est l'inverse. Alors, sans verser dans l'utilitarisme, leur amitié pouvait-elle devenir profitable au second, une fois lancé dans le très grand bain ? C'est la question principale que je veux poser à Alexandre Bompard en déjeunant avec lui, un mardi d'avril 2021, d'un *tataki* de bœuf, au siège de Carrefour, à Massy.

Col roulé, regard droit, sourire sympa et *Namasté* en geste barrière pour se présenter : il ne manque pas de magnétisme dès le premier contact. J'éprouve avec lui la même sensation qu'en parlant avec Benoît Ribadeau-Dumas, celle d'une conversation avec des surdoués qui n'ont pas besoin de se retenir. Ils sont si sûrs d'eux qu'ils donnent l'impression de ne pas réfléchir. Il répond doctement à la première question.

« Quand vous êtes un élu, vous connaissez bien le tissu des PME et des ETI de votre région ou département. Mais c'est aussi important pour un responsable politique de discuter de la santé des grands groupes, de leurs marchés internationaux et de leurs contraintes. C'est un angle de plus pour nourrir une vision globale. » Sans compter les discussions à bâtons rompus sur le patronat français, son état de santé, ses rivalités…

Reste à trouver le format pour cela. Il faut des occasions, aussi. Et la crise des Gilets Jaunes, pour le patron d'une enseigne aux 6000 magasins français, en est une. Contrairement à d'autres entreprises du CAC 40 réalisant la très grande majorité de leur chiffre d'affaires à l'étranger, Carrefour en fait la moitié dans notre pays. Dans une entreprise où les écarts de salaire sont forts, et les emplois non qualifiés nombreux, le risque de jonction entre les Gilets Jaunes et les salariés du groupe apparaît patent. Le deuxième week-end du mouvement, le P-DG passe son vendredi et son samedi dans un foyer de crispation proche de Caen.

Il essaie de comprendre ce qui se passe. S'interroge sur ses propres employés : eux aussi ont des vies pas faciles, pourquoi ne basculent-ils pas ? Mais sur les ronds-points, si le sentiment de déclassement et la précarité sont palpables, Bompard décèle une colère qui est plus celle des artisans que des salariés. À la suite de ces deux jours, il appelle Philippe pour une longue conversation.

Au début de l'année 2021, Alexandre Bompard va vivre la séquence la plus politique de son mandat à la présidence de Carrefour. Le canadien Couche-Tard propose une offre de rachat de son groupe. Que le patron et ses actionnaires – tous privés – souhaitent examiner. L'État français, en quelques jours, si ce n'est quelques heures, sonnera le clairon de la souveraineté pour la faire capoter.

J'ai à ce sujet une modeste thèse dont je me suis ouvert à Bompard, qui a pris le point : le ministre de l'Économie Bruno Le Maire se trouve à cet instant en pleine promotion de son livre *L'Ange et la Bête*, paru chez son éditeur Gallimard. Un livre écrit. Pas un livre d'homme politique, mais, comme il se définit lui-même sans en usurper le titre, un livre de ministre écrivain. Le 13 janvier, l'émission *C à vous* sur France 5 invite le ministre, reçoit l'écrivain. Lequel balaie en une moitié de revers de main le rachat.

Là où le ministre façonne des politiques publiques, l'écrivain fonctionne par fulgurances. Là où Alexandre Bompard avait trouvé en François Hollande un président socialiste mais féru d'économie, capable de l'interroger avec pertinence des heures au moment de la fusion entre la Fnac et Darty, il découvre un Bruno Le Maire patron de Bercy chargeant en hussard protectionniste. Qu'en aurait-il été s'il ne se trouvait pas en période d'imprégnation littéraire ?

Qu'en aurait-il été si Édouard Philippe avait toujours été à Matignon ? Pas impossible, malgré l'issue désagréable pour Bompard et son *board*, que les choses se soient conclues de la même manière. Mais le déroulé, sa temporalité, auraient différé. La thèse d'Édouard, développée au Havre dans les jours qui suivent, est celle-ci : Bruno Le Maire a reçu une consigne du président de la République lui demandant de faire cesser l'opération. Qu'il a surinterprétée : il pouvait s'agir d'une orientation politique et non d'un ordre d'exécution. Pas à effet immédiat, en tout cas. Édouard, lui, serait sans doute allé à la télévision et, tentant de s'appuyer sur la gravité de la situation, aurait commencé par le plaidoyer du petit employé. Il mime, avec gestes et œillade vers une caméra fictive de JT, son intervention. « Depuis le début de cette terrible épidémie, nous savons ce que nous devons aux caissières et caissiers de Carrefour. Sachez que c'est à cette aune et cette aune seule, que cette offre, nous allons l'étudier. » Et ainsi de suite.

Me revient une phrase d'Henri de Castries : « L'État, dans le secteur concurrentiel, est le pire des actionnaires. » Ici, la puissance publique pousse le charme plus loin encore : elle ne possède pas une seule action de Carrefour. Je me souviens aussi de cette analyse glissée par Anne Lauvergeon, l'ancienne présidente d'Areva :

«Cette histoire de Couche-Tard est extraordinaire. EXTRA-ordinaire. Je ne comprends pas ce qui se passe politiquement. Emmanuel Macron a écarté Édouard Philippe, ou, disons, ils se sont écartés mutuellement. Castex est là pour ramasser les aigreurs et les frustrations ? Parfait pour Macron. Et en même temps, l'un et l'autre laissent Bruno Le Maire annoncer les "bonnes" nouvelles qui flattent l'opinion ? Jacques Chirac n'avait pas laissé quelqu'un d'autre que lui-même annoncer la TVA à 5,5 dans la restauration ! Or, en balayant l'offre de Couche-Tard, geste économiquement discutable mais politiquement forcément populaire, je ne pense même pas que ce soit le surmoi de l'écrivain qui parle, mais du ministre présidentiable. Là, Bruno Le Maire peut ainsi montrer qu'il n'est pas si libéral que ça.»

Elle a du coffre, Anne Lauvergeon. Vu son tempérament, je comprends mieux pourquoi Édouard Philippe, qui fut son salarié trois ans, l'appelle encore «patronne». Elle a aussi beaucoup marqué Charles Hufnagel. C'était à mon tour d'aller me faire sciemment chambouler.

Le climat Areva

Pour rejoindre, depuis la rédaction de *Valeurs actuelles*, les locaux d'Anne Lauvergeon, il suffit de marcher quelques pas dans une rue pentue et pavée de Paris. Une grande photo d'un foisonnant marché ouïgour hypnotise la salle d'attente d'un bureau lui-même circulaire, lumineux. Là, des meubles clairs et des objets d'art composent la géographie de la pièce.

Parce que mon père lisait et rapportait à la maison la presse politique et économique, Anne Lauvergeon appartient à mon adolescence. Conseillère diplomatique de François Mitterrand à l'Élysée puis première femme française de l'ère moderne à ce point capitaine d'industrie, elle m'éblouit, petit. En 2008, le *New York Times* publie une tribune dont le titre va consolider, par un surnom, sa légende : «*America needs France's atomic Anne*». La même année, *Forbes* la classe huitième au rang des femmes les plus puissantes du monde. À un ministre français qui lui rappelle la vulnérabilité de son poste, l'État étant l'actionnaire d'Areva, elle rétorque : «Vous ne pouvez pas me virer, je suis une icône dans ce pays.» Elle l'était, oui. Avec son limogeage et une mise en examen dans la nébuleuse affaire Uramin, l'histoire a mal fini.

D'abord présidente de la Cogema, nommée en 1999 par Dominique Strauss-Khan, Anne Lauvergeon fonde en 2001 Areva, fusion de Cogema, Framatome et CEA industrie. Elle devient ainsi présidente d'une multinationale deuxième employeur français. Elle a fait les Mines et Normale Sup', maîtrise la physique nucléaire et la littérature du Moyen Âge. Un peu à la manière d'Édouard Philippe, elle voyage une fois par an alternativement seule avec son fils et sa fille. Même à l'époque d'Areva, elle en profite pour caler deux ou trois rendez-vous professionnels. « Être accompagnée d'un de ses enfants se révèle plutôt une plus-value business. » Elle dit ça sans culpabiliser : son féminisme est du même acabit que celui de son amie Anne Méaux. Pas celui des néoféministes culpabilisatrices : « Aujourd'hui, on a basculé dans autre chose. » Politiquement issue de la gauche, elle ne se définirait pas comme libérale, « mais bon, au vu de mon expérience de l'État actionnaire... » : il ne faudrait pas la pousser.

« Me concernant, entame-t-elle, je dois dire que mon problème c'était le politique : j'ai connu quatre Premiers ministres et dix ministres des Finances. Chacun ayant des avis différents sur mon sujet. Or, quand vous êtes à la tête d'une entreprise publique, mais sans mission de service public, on peut se demander ce que l'État fait là-dedans. Quelle est sa vision ? Aucune. L'État reste là car ça lui permet de garder le sentiment de dominer le monde. À mon époque, le président de la République pouvait se contenter d'emmener en voyage officiel le patron d'Airbus et celui d'Areva pour étaler sa puissance. »

Elle pense à Nicolas Sarkozy en disant cela. Une relation qui, là encore, éclôt positivement avant d'échouer. Entre eux, d'abord le temps des confidences : avant l'élection présidentielle de 2007, Sarkozy lui annonce que lui, président, la voudrait elle, ministre. Quel poste ? Celui qu'elle veut. Il ajoute à son endroit : « Moi je ne ferai qu'un mandat de président de la République et ensuite j'irai bosser chez Bouygues. Pas au conseil d'administration, hein : patron de Bouygues ! »

Pour comprendre la suite de la relation Sarko-Lauvergeon, direction La Défense au 43e étage de la tour Total, et le bureau orienté plein est avec vue sur Paris de Jacques-Emmanuel Saulnier. Très bon ami d'Édouard Philippe, « JES », comme ses copains le consignent dans leurs répertoires téléphoniques, dirige la communication du groupe pétrolier, après avoir occupé le même poste dans l'entreprise de la tour noire en face de celle de Total, Areva.

« En 2007, devant notre télévision, nous voyons notre patronne arpenter la cour de l'hôtel particulier que le président Chirac a mis à disposition de son successeur, pour préparer la transition. » Sarkozy reçoit et y met en scène les personnalités d'ouverture politique ou de la société civile censées rendre spectaculaire son équipe. Lauvergeon en fait partie. Mais Lauvergeon dit non à une entrée dans le gouvernement Fillon. Puis son entretien tourne court, interrompu par l'arrivée du Premier ministre britannique, Tony Blair. En traversant avec elle le bureau de son secrétaire général Claude Guéant, Nicolas Sarkozy se rassure à voix haute : « Anne n'a pas dit oui, mais elle réfléchit ! » Pendant ce temps, Édouard Philippe navigue loin : il devient cette année-là le suppléant du député de la septième circonscription de Seine-Maritime.

En août, cette fois-ci bien installé à l'Élysée, et encore amoureux de sa femme, le nouveau président annonce la libération des infirmières bulgares grâce au concours de Cécilia Sarkozy. En arrière-fond de la négociation, la France propose à la Libye de Kadhafi de lui vendre un réacteur nucléaire. Ce qui, politiquement, et humainement, ne rime à rien. Sans compter la dimension technique : pour supporter une telle installation, il faut un réseau d'électricité adéquat et une autorité de sûreté capable de le surveiller. Lauvergeon commence à penser qu'il serait bon d'avoir à ses côtés quelqu'un parlant la même langue que l'ancien président de l'UMP. Édouard Philippe ? pourquoi pas. Lui qui est entretemps devenu conseiller au ministère d'Alain Juppé.

Deuxième sujet de crispation : quand Sarkozy était ministre des Finances en 2004, il partageait la ligne Lauvergeon, opposée à la fusion entre Areva et Alstom. Une fois élu président de la République, poussé par son ami Martin Bouygues, devenu actionnaire d'Alstom, Sarkozy remet sur la table le sujet de la fusion avec Areva. « Et là, conclut Saulnier, on se dit qu'on ne va pas y arriver. Nous nous retrouvons avec une boîte dont la présidente est en conflit ouvert avec son principal actionnaire. Lequel ne la vire néanmoins jamais.» Pour tenir dans cette situation inconfortable, Anne Lauvergeon passe une partie de son temps entre Matignon, où gouverne François Fillon, les ministères, et l'Élysée. À l'échelon inférieur, il lui faut décidément un lobbyiste capable de s'y retrouver dans la nouvelle majorité, de droite. Elle recrute Édouard Philippe.

Fiche de poste décrite rétrospectivement par la présidente d'Areva : «On cherche un directeur des relations institutionnelles, doté d'un très bon réseau, capable de parler au ministre comme à son directeur de cabinet, à même de capter les signaux faibles et de parler avec des élus de terrain et nationaux.» Résumé de la situation par JES : «Fin 2007, on s'aperçoit qu'on a un risque politique et qu'on n'est peut-être pas aussi bien gréés, notamment à droite, qu'on le voudrait. Il nous faut quelqu'un de haut niveau, avec des bons réseaux UMP, mais pas affilié à Sarko, pour qu'on n'ait pas le ver dans le fruit. Quand Juppé, après sa défaite à Bordeaux, saute du gouvernement, on regarde dans son cabinet. Alexandre de Palmas (aujourd'hui patron de Carrefour Espagne et ami intime de Charles Hufnagel) nous file le téléphone d'Édouard Philippe. Je l'appelle. On ne se connaît ni d'Ève ni d'Adam. Il vient au siège rue Lafayette, je lui expose la situation. Il ne dit pas oui tout de suite.» Philippe précise ses contraintes : adjoint au maire du Havre, son mentor lui a promis la succession. «Si les petits cochons ne me mangent pas, prévient-il, le jour où Antoine Rufenacht me passe la main, je devrais partir du jour au lendemain.»

Dans l'*open space* en U de la rue Lafayette, Édouard Philippe se retrouve en face de Charles Hufnagel, qui assiste Saulnier à la direction de la communication. « Areva à l'époque, c'est un gang, pose Charles. On adore notre boîte, on adore nos collègues, on adore notre patronne. C'est la guerre tout le temps. » Avec Alstom, avec Sarko, avec Henri Proglio à la tête d'EDF. Rien ne les arrête. L'impression d'être dans une série Netflix avant l'heure. Ils font des fêtes monumentales, des bringues à danser comme des bêtes, prennent parfois des cuites pas possibles. Philippe participe la semaine, mais s'éclipse au Havre dès le vendredi. Il n'empêche, le voilà baigné dans l'ambiance décrite avec gourmandise par son nouveau copain Hufnagel : « Anne nous met une crèche pour que nos enfants soient heureux. On mange Areva, on bouffe Areva, on dort Areva. On était amoureux de notre boîte. » Atrium au rez-de-chaussée, terrasses sur les toits, au cœur du 9e arrondissement où Édouard et Charles vivent avec leur femme et leurs enfants.

L'accident de Fukushima n'ayant pas encore douché sa croissance, Areva s'internationalise. Aux États-Unis, il faut contourner la législation antitrust et faire des barbecues avec les employés et les autorités pour calmer les sifflets sur la non-participation de la France à la guerre en Irak. En Chine, Arnaud de Bourayne, un haut cadre dépêché là-bas, décroche le plus gros contrat jamais signé par une boîte française : 7 milliards d'euros. L'entreprise communique tous azimuts. Après des briefings avec l'agence Euro RSCG, Saulnier lance la campagne de pub en cartoons accompagnée de la musique *Funky Town*. Gros carton à l'époque, et près d'un million de vues depuis sur YouTube. À La Hague, il installe des webcams dans l'usine. Pour la première fois, dans le domaine de l'énergie, un industriel de l'amont s'expose, et ça prend. Tony Blair invite l'équipe au Royaume-Uni pour faire la com' du nucléaire. Les Verts français s'étouffent, Philippe s'en fiche, engrange et manœuvre à l'Assemblée. Il a trente-sept ans, gagne de l'argent, et travaille pour une firme qui a le vent dans le dos.

Anne Lauvergeon le croise dans les couloirs ou dans le bureau de Saulnier en train de faire des imitations. Le reste du temps, il campe au Palais-Bourbon pour s'assurer du soutien des députés de l'Office parlementaire d'évaluation des choix scientifiques et technologiques. Ou sillonne la France, dans les gros bassins d'emploi d'Areva, pour préparer les visites de terrain d'Anne Lauvergeon. Il choie les élus. À Cherbourg, Philippe côtoie le futur Premier ministre Bernard Cazeneuve, dans la Drôme et à Lyon ses futurs ministres Marc Guillaume et Gérard Collomb. Il faut également traiter avec Arnaud Montebourg en Saône-et-Loire. Un travail de soutier. « Il se forme tout seul. Il voit ce qu'il y a à faire. Il a tout de suite réussi. Lauvergeon lui a très vite fait confiance », affirme JES. Atomic Anne confirme. Et précise qu'elle aime les gens issus de cabinets ministériels : « Ils ont appris à travailler vite, à hiérarchiser l'information et, ce qui devient rare, à savoir écrire. »

Lauvergeon découvre sa personnalité. Il y a chez cet homme-là, songe-t-elle en l'observant, du sang-froid et une distance face à lui-même. « À un moment donné, confie Lauvergeon, je lui ai proposé de passer de l'autre côté, de prendre une direction opérationnelle, mais il a résisté à la tentation de manière claire. » Cela aurait nécessité de renoncer à la politique. Or, le contrat de Philippe stipule qu'Areva le libère de 20 % de son temps pour se rendre au Havre.

Trois ans après son arrivée, un mercredi du mois d'octobre 2010, Édouard toque au bureau de JES. « Jacques-Emmanuel, j'ai vu Antoine Rufenacht hier soir. Vendredi, il va présenter sa démission au conseil municipal. » Ils se serrent dans les bras. Puis le directeur de la communication l'envoie à l'autre bout du couloir transmettre la nouvelle à la présidente. En 2011, quand sort *Dans l'ombre*, le polar qu'il a coécrit avec Gilles Boyer, Philippe envoie le livre dédicacé à Lauvergeon. Elle n'a pas changé de statut pour lui : « À ma patronne »...

Au mois de juin de cette année-là, Nicolas Sarkozy ne la reconduit pas. Après dix ans à sa présidence, elle quitte Areva. « Quelle conclusion tirez-vous de l'État actionnaire ? », demandé-je à Philippe en 2021, lui dont le parcours se panache désormais de traces de public et de privé. « Compliqué à gérer. » Ou plutôt : « Si l'État ce n'était qu'une seule personne, ce serait facile. »

Avec face à elle « un paysage institutionnalo-politique éclaté », Lauvergeon n'a pas eu la tâche aisée, l'excuse son ex-directeur des Relations publiques.

La vision élaborée par la présidente d'Areva, reposant sur la croyance en un marché du nucléaire en pleine croissance et la conviction qu'il ne fallait pas se marier avec ses clients (Bouygues, Alstom), mais avec un concurrent (Siemens), ne sera jamais adoptée par sa tutelle. « Son ambition stratégique était considérable et, à l'époque, pas du tout absurde », défend Édouard, qui revoit toujours sa cheffe. Comme au Havre, en octobre 2020, quand ils déjeunent à l'occasion d'un colloque sur les femmes entrepreneuses. « Je la sais controversée, mais je lui conserve ma loyauté et mon estime. Pendant trois ans, je l'ai beaucoup regardée faire et je peux vous dire que j'ai appris plein de choses. »

Pour m'aider à me faire une idée définitive du bilan de Lauvergeon, je sollicite l'ancien président d'Areva Chine, Arnaud de Bourayne. J'ai grandi dans la même banlieue, Louveciennes, où lui habite. Son épouse et ses enfants sont des amis de la famille. Ingénieur passé par Supélec, il entame sa carrière dans l'exploration minière au début des années 1970. On voit du pays quand on creuse : au Niger, au Sénégal, au Gabon, ou en Indonésie. Il dirige ensuite la plus grande mine canadienne de la Cogema, avant qu'Anne Lauvergeon lui confie la direction d'Eurodif, une filiale d'Areva qui gère les usines d'enrichissement d'uranium de Pierrelatte et du Tricastin. Puis la Chine, où il parvient à vendre deux réacteurs EPR, qui tournent toujours. Contrairement à Philippe, de Bourayne ne vient pas de la politique. Il n'a jamais travaillé en ministère. « Édouard et Charles ont été de bonnes recrues, mais, au global, juge Arnaud, il y a eu trop de recrutements dans les cabinets.»

Il poursuit. «Si j'apprécie Anne et son autorité naturelle, j'ai pu entrevoir les limites de son discernement, de la pertinence de ses jugements. Chez Areva, elle avait un peu électrisé tout le monde. Quand Anne parlait, les gens buvaient ses paroles. Je ne suis pas contre le paternalisme en soit, mais une certaine cour se laissait griser par cela. Elle est devenue “Atomic Anne”, et en cinq ans, nous sommes passés du secret à la lumière. Elle avait table ouverte à la télévision. Elle utilisait beaucoup son entregent politique pour soutenir la boîte. Cela a donné une bonne image des EPR, du nucléaire, et une personnalité à ce groupe, mais peut-être cela comportait-il un certain risque, notamment celui de prendre trop d'engagements.»

En 2010, au moment de Fukushima, Areva construit une grosse dizaine d'EPR dans le monde. La catastrophe nippone réduit subitement ses perspectives. S'ajoute à cela le cauchemar de l'EPR finlandais, au chantier sans fin, et le gouffre financier de l'achat d'Uramin, un investissement hors de prix et moins fructueux qu'escompté. Je ne suis pas assez expert pour juger, mais suffisamment candide pour me laisser influencer : Atomic Anne, encore aujourd'hui, ne manque pas de charisme. Elle a même une maxime, lui permettant de se protéger à jamais, qu'elle me livre sur le palier en partant : «Vous savez Tugdual, on n'est jamais agacé que par soi-même.»

Quand Lauvergeon est limogée en 2011, Nicolas Sarkozy promeut en interne Luc Oursel. Le nouveau P-DG ne s'économisera pas. Il contracte un cancer du pancréas au bout de trois ans, et meurt en six semaines. Arnaud de Bourayne avait continué à travailler avec lui et fait revenir Charles Hufnagel, parti entretemps travailler avec Juppé. Dix jours après le décès de Luc Oursel, Laurent Ruquier reçoit pour la première fois Édouard Philippe dans son émission *On n'est pas couché*. Il le présente comme l'homme politique qui « incarne la jeune garde de la droite modérée et réformiste ». L'invité ne paraît pas forcément très à l'aise, mais voilà sa période nucléaire achevée. Il lui reste à trouver la lumière.

Ce cher Charles

Charles Hufnagel ne veut pas que j'écrive à son sujet. De plus en plus de communicants l'acceptent, lui joue façon ancien temps. Le 26 juillet 2020, un dimanche, je me lance : si mon éditrice et moi souhaitons faire un bouquin sur Édouard, est-ce quelque chose qui se demande ? Réponse vaguement sèche dans la foulée : « Pas trop utile. On dit non à tout. »

Je lui annonce l'écriture de ce livre au siège de Carrefour à Massy le lundi 5 octobre 2020. Le ciel un peu gris a remplacé les dorures et le centre de Paris. C'est sa nouvelle vie. Il y a un immense paradoxe chez ce garçon : bien que lui fasse montre de contrôle, on a, en sa compagnie, l'envie de se relâcher. Il compte également ses propres contradictions. Par exemple en soignant une forme de mélancolie par de l'activisme. Sa femme Barbara lui dit : « Tu n'es pas un intellectuel mon pauvre Charles, regarde : tu n'es jamais autant malheureux que quand le téléphone ne sonne pas. »

Charles grandit à Vichy. Éducation égalitariste, selon le précepte « de chacun selon ses moyens, à chacun selon ses besoins ». Ses parents se séparent, son père s'éloigne un temps. La religion n'influe pas sur sa famille. Mais… « Quand tu es petit, tu cherches des histoires plus grandes que toi. Tes origines. Je me suis toujours posé la question dans ma vie "Suis-je juif ou pas ?" La réponse a toujours été non. Pour les juifs je ne suis pas juif, pour mes copains cathos je n'étais pas catho. » À Matignon, on le surnommait parfois Netanyahou, pour sa propension à défendre Israël. Il le faisait un peu pour rire, et un peu parce qu'il ne se sent pas totalement étranger à cette histoire-là. De toute sa famille paternelle, seul son grand-père a réchappé des camps. Charles estime avoir hérité plus « de cette dramaturgie » que d'une judéité. Sur la Seconde Guerre mondiale, il a tout lu, de Primo Levi à Semprun. Et surtout *Mauss*, d'Art Spiegelman. Il a tout vu. Et surtout *Shoah*, de Claude Lanzmann.

Charles commence à devenir bon élève seulement en terminale. Aujourd'hui doté de la même silhouette qu'Édouard Philippe ou Gilles Boyer, il fut un temps enrobé à force de dévorer des livres sans bouger. Après sa Khâgne et une licence d'histoire, il entre à Sciences Po, s'y enferme dans les toilettes pour continuer à lire. Le week-end, Barbara, avec qui il vit déjà, va seule avec leurs amis en boîte de nuit. Lui, il lit. Quand il devient papa d'un Thomas à vingt-neuf ans, il a lu tout Malraux, tout Proust. Et bien d'autres.

Ses premiers bulletins de vote : Jospin en 1995, Sarko en 2007. « Quand j'étais de gauche, j'avais une vision de la droite comme défendant ses avantages acquis. J'ai migré au fur et à mesure vers le réel. » À Sciences Po, la politique ne l'intéresse pas, tandis qu'en lisant Paul Auster, cela lui donne le sentiment qu'on écrit pour lui. À l'époque, il n'a pour la com' que mépris. «Oui, j'ai rêvé de vivre d'expédients en écrivant moi-même. Mais la vérité, c'est qu'à la sortie de l'école, j'ai traversé la rue et on m'a filé un stage bien payé chez Total. Je suis resté six mois avant de signer un CDD à 12000 francs par mois chez EDF.»

Il y arrive un livre de philo sous le bras, qu'il abandonne au profit d'un ordinateur. Au sujet de la vie de bureau, ce n'est pas banal, il parle d'une «révélation». Au hasard de congés maternité, il remplace la personne qui gère le nucléaire, se prend au jeu des argumentaires. S'éclate. S'achète son premier appart. «Le récit que je me suis construit et qui me reste, c'est celui que je me suis construit professionnellement. Dont celui de ma rencontre avec Édouard.» Philippe va en effet arriver dans son champ.

En 2001, un copain l'informe d'un poste à pourvoir chez Cogema. Charles commence à travailler auprès de Jacques-Emmanuel Saulnier à la direction de la communication, la boîte devient Areva, et Philippe leur collègue en 2007. Les fêtes susmentionnées, les imitations, les discussions politiques et les batailles de boulettes de papier scellent leur amitié. Pendant que Saulnier fait office de porte-parole de la firme, Hufnagel contribue à polir la stratégie de communication d'Areva. «Charles, se souvient Lauvergeon, était agréable, professionnel, mais plus timide que Saulnier. Plus institutionnellement classique. Avec son frère Johan, c'est comme s'ils s'étaient répartis les rôles.» Elle parle là du frère journaliste de

Charles, actuel patron du site progressiste Loopsider. Barbu, en baskets, et bien moins à droite.

Au printemps 2008, Nicolas Sarkozy, alors président de la République, invite Anne Lauvergeon pour un voyage au Moyen-Orient. Il doit notamment signer un accord bilatéral de coopération avec Abu Dhabi. Areva aimerait y construire un réacteur. Charles les accompagne. Dans le Falcon du retour, le directeur international d'Areva pousse Lauvergeon à dépêcher un homme de confiance sur place. Elle se tourne alors vers Hufnagel, et, couvrant le bruit des moteurs, lui lance : « Alors, Charles, vous n'allez pas faire de la com' toute votre vie ? Les Abudhabiens sont jeunes, on ne va pas leur mettre un ingénieur de soixante-cinq ans, pourquoi pas vous ? » Charles bredouille qu'il n'y connaît rien et qu'il était nul en physique au lycée. Trois jours après, il croise Lauvergeon dans les couloirs du siège rue Lafayette. « Alors, vous avez fait vos paquets ? »

« Il me fallait quelqu'un capable de gérer la relation, insiste aujourd'hui Lauvergeon. Pour gérer le boulon de 12, j'avais des hordes de collaborateurs. Mais l'erreur, dans ce genre de boîte, consiste précisément à croire que l'ingénieur suffit pour vendre. » À Abu Dhabi, en raison de la guerre entre acteurs français – Total, Alstom, Vinci, EDF, pour ne citer qu'eux – exportée en terre émiratie, l'affaire tourne au fiasco. Mais Charles se découvre un nouveau métier. 4×4 de fonction, abonnement au club de piscine, belle maison, réunions en anglais, bureau de passage, téléphones sur écoute, accueil de Claude Guéant, secrétaire général de l'Élysée, qui vient discrètement en Falcon prendre le pouls de l'avancée du dossier, rendez-vous secrets à l'ambassade, lobbying princier. Même si Areva s'y enlise, le sable d'Abu Dhabi garde le goût de l'aventure.

«La com' de Juppé, ça t'intéresse?» Nous sommes en novembre 2010 quand Hufnagel reçoit ce SMS d'Édouard Philippe. L'expéditeur vient de quitter Areva pour devenir maire du Havre. Le destinataire se trouve en Corée, très récemment missionné pour y vendre de l'uranium enrichi. Pourquoi avoir pensé à Charles? «Car ce n'est pas un conseiller com' classique, répond Philippe. Il élabore des vraies stratégies, pas du pseudo-conseil politique. Ni du marketing pur et dur. Je l'ai vu chez Areva, où il était très bon. Il sera très bon chez Carrefour.» Certains diraient qu'il verrouille, d'autres qu'il protège. Encore plus en entreprise qu'en politique, Charles estime qu'un patron a plus à perdre qu'à gagner en parlant.

Séoul, automne 2010 : Charles refait sa valise, laisse ses autres bagages non déballés, prend le premier avion pour Paris. Alain Juppé, après une période de purgatoire, a été rappelé au gouvernement comme ministre de la Défense. Une fois à l'hôtel de Brienne, l'entretien d'embauche avec le Bordelais dure quarante-cinq secondes. «Ah, donc vous connaissez Édouard Philippe? Êtes-vous un professionnel de la communication?» Le ministre d'État expose succinctement son plan. «Et vous commencez quand?»

Venu pour couvrir les armées, Hufnagel déménage rapidement au Quai d'Orsay, où Juppé se voit transféré. Ce seront, assure-t-il, les plus belles années de sa carrière. Il y forme un binôme mieux que complice avec Gilles Boyer, s'installent tous les deux dans un placard à balais amélioré pour coller au plus près au bureau du ministre des Affaires étrangères. Dans ces 8 m^2, ils partagent ultra intimité et blagues – sans arrêt.

Trois à quatre jours par semaine, le conseiller spécial (Boyer) et le conseiller en communication (Hufnagel) se séparent. L'un reste systématiquement à Paris quand l'autre accompagne le ministre en tournée. Bilan carbone à ne pas divulguer : ils effectuent environ huit fois le tour de la Terre en deux ans, Charles revient avec des souvenirs pour une vie. Ce sont des réminiscences de vols économes en mots avec Juppé et de l'ébullition des Printemps arabes. Ben Ali en Tunisie, Kadhafi en Libye, Juppé a pour charge de démarquer la France de ses anciens alliés et de contrer ce dilemme : avec les démocraties, et la chute des autocrates, adviennent plus souvent les islamistes que les modérés.

Les ministres voyagent, à Rome ou à New York notamment. Au Quai d'Orsay, le cabinet sillonne, explore. Charles se retrouve dans des tempêtes au Tchad, se pose en urgence après l'incendie d'un micro-ondes en plein vol dans la carlingue de l'avion du ministre, déjeune avec Hillary Clinton qui l'ignore, palpe les restes encore probants de la puissance française, récupère des otages et des corps à Niamey, atterrit à Nouakchott et décolle d'Haïti. Juppé s'endort sur lui dans des avions riquiquis. Dans un grand Airbus de la République en vol vers Israël, un père de famille pleure toute la nuit à côté de lui. Quelques jours plus tôt, Mohamed Merah vient d'arracher des vies.

Addis-Abeba, en Éthiopie : après un énième sommet, vers 22 heures, Alain Juppé va se coucher. Charles et les officiers de sécurité partent en soirée. Boîtes de nuit de la haute bourgeoisie auxquelles succèdent des bars obscurs prédestinés à Bernard Lavilliers. Ceux où des créatures magnifiques maîtrisent des danses maléfiques. Rentrer dormir, deux heures, puis partir courir dans le désert pour se décrasser.

Après la défaite de la droite en 2012, Charles retourne dans le privé. C'est là qu'Arnaud de Bourayne, devenu responsable des cadres dirigeants, le fait revenir chez Areva. Il faut remplacer Jacques-Emmanuel Saulnier parti chez Total. Quatre ans plus tard, l'un et l'autre seront de nouveau happés par la politique. L'un cèdera, l'autre pas.

Car Saulnier dit non à Macron durant l'été 2016. Le candidat En Marche et son épouse Brigitte, qu'il a rencontrés chez des amis à Biarritz, le sollicitent pour diriger la communication de sa campagne. Christophe de Margerie n'est tragiquement mort dans le crash de son Falcon à Moscou que depuis deux ans, et Saulnier ne souhaite pas lâcher son successeur, Patrick Pouyanné. Il ajoute auprès de son débaucheur macroniste : « En plus, je suis pour Juppé, aux côtés duquel mon ami Édouard Philippe travaille. Si Juppé gagne la primaire de la droite, je m'engagerai auprès de lui. » Juppé perd la primaire, Macron gagne l'élection présidentielle, Jacques-Emmanuel demeure chez Total et Édouard devint Premier ministre.

Entretemps, Hufnagel dit oui pour reprendre la direction de la communication de la campagne d'Alain Juppé pour la primaire : en plein footing à Copenhague, Charles répond favorablement à un coup de fil de Gilles Boyer qui l'appelle une nouvelle fois à la rescousse. Sans miracle. Leur candidat échoue à l'hiver 2016, mais leur pote Édouard est nommé chef du gouvernement au printemps 2017. Hufnagel intègre son cabinet rue de Varenne comme responsable du pôle communication. Le voilà, après la vie de bureau, rendu accro à la vie de cabinet.

« Soros ? Pas vous, non ! »

Ce 19 février 2020, la machine à faire mal au ventre se remet en route. *Valeurs actuelles* vient de publier un deuxième dossier de couverture sur le milliardaire à la philantropie – à notre sens – discutable, Georges Soros. Il se trouve que Soros est juif, ce dont nous nous fichons largement, et que dès que l'on écrit sur lui l'accusation d'antisémitisme rôde. Nous avons soigné chaque mot de ce dossier pour échapper aux procès d'intention, apparemment sans convaincre Charles Hufnagel. C'est lui qui m'écrit ce SMS.

Il appuie sur mon appendicite : « Tout le monde, que vous accuserez de bien-pensance, a réagi de la même manière en voyant votre une ce soir. Sauf le Premier ministre. Car je ne lui montrerai pas. » Masochistement, j'ai considéré depuis ce jour Charles comme un ami.

Quand, à la fin du mois de juin 2020, commence à flotter le parfum de la fin, je lui demande une faveur.

J'aimerais, en sa compagnie, faire le tour du parc de Matignon. Avec ses 500 mètres de périmètre, il s'agit du plus grand jardin privé de Paris : des immenses fenêtres du premier étage, on n'en voit pas le bout, mais seulement la perspective de cette immense pelouse de réception agrémentée de massifs propices aux apartés. Nous marchons lentement, la voix du conseiller a le timbre apaisé, ou fatigué, de la fin du combat. Leur départ n'a pas encore été annoncé, mais on se dit au revoir. Au fond du parc, à droite, on passe devant la salle où Philippe, les officiers de sécurité, et même une fois Madjid le Havrais, ont boxé. Puis, sur la gauche, le pavillon de musique, qui accueillera dans quelques jours le pot de départ du premier Premier ministre d'Emmanuel Macron. Au gré des pas se succèdent les arbres plantés par des prédécesseurs, une tradition du lieu. Il y a le pommier de Philippe, mais je cherche celui de Fillon. Ça y est. Un cornouiller des pagodes, au bois dur comme la tête d'un Sarthois.

Matignon, une genèse, un épilogue

Enfant, adolescent, et jeune adulte, Édouard Philippe se tourmente souvent. Maintenant ? Disons qu'après trois ans à Matignon, « les événements ne vous impactent pas de la même manière ». En ce mois de mai 2017, quand il conçoit de devenir le prochain Premier ministre, des sensations à la fois résurgentes et inédites se font jour. « Là, j'avais une trouille énorme. Le trac. Le fait d'imaginer que j'allais arriver et qu'aucune phrase sensée ne sortirait de ma bouche. La peur de penser que tout le monde allait se rendre compte que je n'étais pas fait pour ça. Buter sur la hauteur de la marche, la difficulté de la situation. »

Se mêlent à ces angoisses celle plus fondamentale encore de ne pas parvenir à protéger ses enfants de la fonction. Pour toutes ces raisons, Édouard Philippe campe en ce début de mai chez Benoît Ribadeau-Dumas. Leur relation date de plusieurs décennies, de leurs années communes à l'ENA.

Pendant la primaire de la droite en 2016, Philippe demande à cet ami, qui a servi chez Raffarin à Matignon entre 2002 et 2004, si un jour il accepterait de rempiler en cabinet. Depuis, BRD occupe de gros postes dans l'industrie. Sa réponse : clairement non. Pour la bonne raison que le seul job qui le ferait vibrer serait celui de directeur de cabinet à Matignon, le tout en début de quinquennat. Or, Juppé ne nommerait jamais son pote Édouard Premier ministre. Peut-être à l'Intérieur ou à la Justice, pour lui faire plaisir ? Plus sûrement au Budget. À la fin du mois de novembre 2016, Alain Juppé vient d'échouer à la primaire de la droite et son lieutenant, Édouard Philippe, célèbre chez lui à Paris son 46e anniversaire. « Dans une belle ambiance de la lose. » Ribadeau est là. Et la question d'une direction de cabinet ne se pose définitivement pas.

La veille du Trocadéro, en mars 2017, tandis que François Fillon dîne chez sa fille aînée avec toute sa famille venue lui souhaiter bon anniversaire, Édouard reçoit son ami Benoît pour penser à autre chose. La politique le rattrape le lendemain : Philippe dîne avec Thierry Solère, Sébastien Lecornu, Bruno Le Maire, Benoist Apparu et Gilles Boyer. Ces deux derniers partent dans la nuit à Bordeaux tenter de convaincre Alain Juppé qu'il peut être le plan B. Philippe n'y va pas. Peut-être songe-t-il déjà à sa reconversion. Il aimerait de nouveau embrasser une carrière d'avocat.

Après le premier tour de l'élection présidentielle, Édouard rappelle Benoît. « Tu vas pas me croire mais quand tu m'as dit que ce serait Matignon ou rien, cela va peut-être être le cas... » Non, Benoît ne le croit pas. Certes, Macron, très probable vainqueur du second tour, vient de recevoir son ami havrais à dîner à son QG.

Certes, le repas avait des airs de casting. Certes, en sortant, Solère, optimiste et flatteur, a dit à Philippe : « Ce sera toi. » Mais Benoît rigole : « Tu es en train de te faire avoir dans les grandes largeurs mon pote. Tu seras le Éric Besson de Macron. »

Son raisonnement est le suivant : à cette heure, Macron procède au grand attrape-tout pré-second tour. Il va proposer le job à tout le monde à droite, de Xavier Bertrand à Valérie Pécresse. Alors, oui, Benoît trouve cela *smart* de la part du futur président de pencher à droite, mais il se dit surtout qu'Emmanuel Macron fait danser plus de prétendants que de besoin. Et puis, son Premier ministre sera plutôt sûrement une femme. Ou quelqu'un de plus connu que son copain. Après tout, à cet instant, son capital politique n'a rien de dément…

La veille du second tour, Édouard le rappelle. Il se montre plus pressant. « Benoît, je sais que tu ne me crois toujours pas. Peut-être que je me trompe, mais moi j'y crois. Et j'ai besoin de toi. Et si tu ne veux pas, je n'ai personne d'autre. — OK, j'en parle à ma femme et je te rappelle, mais tu peux compter sur moi. » À vrai dire, le major de la promo Marc-Bloch n'y croit toujours pas vraiment.

Victoire d'Emmanuel Macron le 7 mai 2017. La première semaine d'un nouveau chef d'État ondoie sous le protocole. Édouard Philippe, qui ne sera nommé que le 17 mai, entame un régime forcé. 6 kilos de perdus. Dont une partie laissée dans l'appartement du 7e arrondissement des Ribadeau-Dumas.

Philippe déjeune de nouveau (ou tente d'avaler des aliments) avec Emmanuel Macron. En revenant, il informe BRD que sa nomination peut maintenant échouer en raison du choix de son directeur de cabinet. «Ce n'est pas un problème pour moi, répond Benoît. Je ne l'étais pas avant, je peux continuer ma vie sans.» Pour le futur Premier ministre, c'est non négociable. Il a d'ores et déjà théorisé ce choix comme un élément incontournable de son autonomie. «Mais, précise Édouard, il faut que tu voies Alexis Kholer. Que tu lui montres que tu es un type bien.» Ribadeau rencontre le secrétaire général de l'Élysée dans la foulée. Ils se sont croisés auparavant seulement deux fois dans leur vie. Dont une dans un peu intimiste dîner du Siècle. Entretien cordial, où se noue le principe d'un certain nombre de conseillers partagés entre Matignon et l'Élysée. «La condition pour que Matignon soit fort, c'est que l'Élysée soit bien informé», conviennent-ils.

Dans la séquence, BRD télécharge le programme de Macron, qu'il n'avait pas lu. On ne sait jamais. Il en tire cette conclusion, qu'il partage à son copain Premier ministre : «Dis à Macron que plutôt d'augmenter la CSG, il faut qu'il fasse la TVA sociale. Si t'as un truc à négocier, c'est ça.» Le copain en question lui fait comprendre qu'il est bien sympa, mais pas trop en situation de marchander quoi que ce soit... Édouard Philippe continue ses auditions avec les proches de Macron. Et sa forme de diète.

Ne pas répandre une quelconque rumeur sur ses chances fait partie du jeûne. Pour l'instant, seul Laurent

Joffrin ébruite l'hypothèse dans *Libération*. Les Philippe coupent leurs portables.

« Tu es là ce week-end ?
Édouard. »

Par ce texto, Charles Hufnagel entre dans la boucle. Pour être là ce week-end, il lui faudra d'abord revenir de son déplacement professionnel au Brésil. Avec, à la clé, un vol São Paulo-Paris comme par hasard dantesque en turbulences. À son arrivée, nouveau SMS de Philippe, reçu dans le métro : « Si par hasard je deviens PM, tu viens ? » En 2008, quand Charles est parti pour Abu Dhabi, Édouard avait dit : « J'espère qu'un jour on pourra bosser ensemble et faire de la politique. » Ce jour, le voici. Alors rendez-vous ce week-end chez BRD.

Le vendredi après le second tour, Benoît sèche son boulot. Philippe déjeune encore une fois le midi avec Macron, son stress se maintient au niveau absolu. Pour éviter de le voir pèleriner dans son appartement l'après-midi, Ribadeau l'emmène au musée de la Résistance faire semblant de se changer les idées. Le samedi et le dimanche, ils se réunissent chez BRD avec une partie du futur cabinet. Gilles Boyer, bien sûr, que Benoît connaît déjà. Il découvre en revanche Charles Hufnagel, venu en T-shirt.

On avait dîné, Ribadeau, Charles et moi, pendant la préparation de ce livre, pour que je me fasse entre autres narrer la scène. Pour comprendre comment ces hommes passent leur temps à se chambrer, voici comment Benoît la raconte au troisième degré, devant Charles, et, moi aussi je l'admets, hilares. « Donc Charles arrive chez moi. Je m'en souviendrai toute ma vie car c'était tellement pathétique. Ce sera donc ça notre conseiller en com' ? Avec un vieux T-shirt ? Désagréable, méfiant. Agressif ! La première erreur d'Édouard Philippe : nommer un nul ! La Rolls du cabinet... ? Tu parles ! Quant à Gilles Boyer, heureusement, comme à son habitude : chaleureux, aimable... » La susceptibilité de Charles, mentionnée en note de bas de page dans *Impressions et lignes claires*, consignée dans quelques vidéos mythiques, appartient à la catégorie des *running gags* des hommes de Matignon.

Les voilà tous rue de Varenne. Édouard et les autres découvrent la fonction. Deuxième fois qu'ils se déplacent en convoi : dans la voiture, Philippe et Ribadeau-Dumas. Les deux amis comptent le nombre de voitures et de motos. Le Premier ministre trouve un surnom à tout ce barnum, le « Magic Circus ». Le chauffeur roule prestement vers l'Élysée. « Alors non, vous allez tout doucement... », le sermonne Philippe. Qui ne s'arrête pas là, et commence à lui vanter les vertus de l'immobilité : « Vous savez, à la cour impériale chinoise, personne ne bougeait. L'empereur, par son immobilité, tétanisait tout le monde. Le Premier ministre, ce doit être pareil. Alors veuillez ralentir s'il vous plaît. »

Le 24 août, Édouard Philippe fait sa rentrée chez Jean-Jacques Bourdin. BRD a pris ses vacances en décalé. Le Premier ministre sèche sur pas mal de questions. C'est un peu la cata. Charles appelle Benoît : « J'ai cru avoir une descente d'organes ! » Benoît appelle Édouard : « Il faut que tu remontes à cheval tout de suite ! »

Oui, ces gens-là ont gouverné entre copains. Benoît et Édouard sont meilleurs amis. Boyer considère Philippe comme son frère. Charles « tombe amoureux » de Benoît. Et il retrouve Gilles avec qui, rappelons-le, il a passé les meilleures années de sa vie professionnelle au Quai d'Orsay. « À Matignon, résume Hufnagel, on a à nouveau beaucoup travaillé et rigolé avec Gilles. Je le rassure, il me rassure, et je crois qu'on rassure Édouard. »

Bosser entre amis ? « Tu ne réfléchis pas avant de parler, c'est la clé du plaisir, c'est la potion magique du surcroît d'énergie », s'enamoure Charles. Pour Alexandre Bompard, devenu son patron chez Carrefour et qui à Matignon observait ses copains de loin, « ce choix oblige à ne pas se rater, car si l'amitié compte pour vous, un échec peut créer un problème majeur. Mais quand ça marche… c'est exceptionnel comme accélérateur de fonctionnement collectif ».

À cette bande, Matignon faisait très peur et très envie. Au premier étage de l'Hôtel, Zélia, Thomas, Mohamed, Benoît, Gilles, Charles, Édouard, Anne vivent des moments d'une intensité hors norme, noient leurs désaccords et origines sociales sous la vague des tâches interministérielles. Tout le monde frappe avant d'entrer dans le bureau d'Édouard. Certains peinent à proscrire le tutoiement en public. On s'engueule, se roule par terre, se marre et s'enlace. Y avait-il trop de sentiments ? « Il n'y a jamais trop de sentiments. Trois jours ici équivalent à trois ans de combats », me répond Charles. Alors trois ans…

« Il y a énormément d'amis avec qui je ne pourrais pas travailler, signale Édouard Philippe. Des gens intelligents et très proches. Il y a aussi des gens dont je pense qu'en ne travaillant pas avec moi, ils m'apportent plus. Le point commun de mes amis est que ce sont des gens dont je me dis : “J'irai bien à la guerre avec eux.” Sinon ce ne serait pas vraiment des amis. S'il n'y avait que la bière et la bonne ambiance, ça ne marcherait pas. Il faut de la confiance, de la loyauté, de l'honneur, et la volonté commune de réussir des choses. »

Trois ans après. Juin 2020. Ça sent clairement déjà la fin. Pour le formuler à la manière des journalistes politiques : les supputations sur l'avenir du tandem Macron-Philippe vont bon train. Le Premier ministre reçoit à déjeuner Henri de Castries le 18. Au tout début du triennat, l'ancien P-DG d'AXA avait envoyé un SMS pour le féliciter d'en être arrivé là. Cette fois, il le pousse à partir avant même qu'on ne le lui réclame.

« À ta place, je m'en irais.

— Je sais ce que je dois à Macron, je veux rester loyal.

— C'est autant, si ce n'est plus, à toi de décider, plutôt qu'à Macron de le faire. Si tu pars, tu reprends ta liberté et tu rends une copie impeccable. »

« Mon point de vue était un tout petit peu différent du sien, explique aujourd'hui Henri. Certes, Édouard avait été parfaitement loyal, mais il était maître de son destin. Il fallait qu'il reprenne sa liberté, s'autonomise, franchisse le Rubicon. Il ne voulait pas le faire de façon agressive vis-à-vis de Macron. OK. Mais, normalement, le Président aurait dû lui poser la question : "Dans ce que nous cherchons à faire pour les deux ans qui restent, sommes-nous au clair ? " Je ne suis pas sûr qu'ils aient eu cette discussion. Après, au fond, Macron, qui s'en sépare par jalousie, lui rend un grand service en ne le renouvelant pas.»

Un avis en partie partagé par Benoît Ribadeau-Dumas, qui dira : «Je n'ai pas compris pourquoi Macron ne nous a pas usés jusqu'à la corde.» À moins qu'il ait tout à fait compris le reste. Que Macron les voyait comme des empêcheurs de tourner en rond. Que le Président avait envie de gouverner lui-même. Qu'Édouard serait moins à l'aise en cas d'arrêt des réformes. Qu'il se savait présumé coupable depuis les Gilets Jaunes. Pas forcément le mieux placé pour incarner la suite. Conscient de l'improbabilité de rester cinq ans. Tôt dans le quinquennat, Kholer et Ribadeau-Dumas ont eu cette discussion, dépassionnée : un jour, il sera de l'intérêt de l'Élysée d'appuyer sur le bouton.

Peut-on démissionner d'un tel endroit ? Quitter Matignon n'est pas moins dur que d'y gouverner. Dans cette même séquence du mois de juin 2020, Philippe déjeune rue de Varenne avec Fillon. Le raccompagnant dans le grand escalier à l'issue du repas, il regarde son prédécesseur : «On est quand même pas mal ici.»

En me promenant avec Charles à la fin de juin 2020 dans le parc de Matignon, nous avons discuté de son avenir. Il se savait, lui et ses amis, plus que menacés. Échafaudait l'idée d'éventuellement, tous ensemble, monter un projet dans le secteur privé. Au fond, personne, ici, n'avait très envie de se quitter.

Benoît, Édouard, et l'État dans tous ses états

Cette nuit sera la dernière ; demain, vendredi 3 juillet 2020, il faudra refermer cette vie. Benoît Ribadeau-Dumas écrit son ultime mot. « Cher tous. » Ses doigts se déplient. « J'ai eu la chance de diriger plusieurs organisations avant d'arriver, par hasard, dans ce grand bureau. J'en ai connu où les process étaient plus efficaces, l'énergie moins dissipée, les outils mieux affûtés. Mais je n'en ai vu aucune avec une telle concentration d'intelligence, une telle capacité de travail et de dévouement, et surtout, bien plus important encore à mes yeux, une telle bonne humeur, une telle fraîcheur, une telle unité, au service d'un idéal plus grand que nous tous, et d'un homme que peu d'entre vous connaissaient mais que tous ont appris à aimer. »

À la fin de sa lettre, le futur ex-directeur de cabinet assure se tenir à disposition de ceux qui auront besoin de lui pour leur reconversion. Il referme son clavier et part marcher quinze jours en montagne avec un copain. La suite, il verra bien. Son état d'esprit diffère grandement de son premier après-Matignon, au début des années 2000, quand il a servi Raffarin. Plus jeune, il continuait à lire frénétiquement la presse les premiers mois. À la recherche de l'intraveineuse d'actualité étatique. Là, pas du tout. L'ambiance lui manque, mais pour le reste…

Il déjeune calmement avec quelques personnalités influentes dans Paris, comme Antoine Gosset-Grainville. Édouard Philippe s'active aussi : « On cherche un grand groupe pour lui. » Le problème de son ami : quand un président de conseil d'administration voit arriver au poste de directeur général un tel moteur de Ferrari, il y a de quoi se méfier. Quant aux postes de président, ils ne sont pas légion.

Commence la recherche. À ce niveau-là, ce n'est pas un jeune consultant de Michael Page qui prend en main votre destin. Plutôt quelqu'un comme Bertrand Richard, de Spencer Stuart, un des rares spécialistes dans la capitale de la chasse aux CEO. « Est-ce que je peux mettre ton nom sur une *short list* ? », s'enquiert le débaucheur. Ribadeau passe son mois de septembre 2020 à enchaîner les rendez-vous. Étiqueté meilleur ami du dernier Premier ministre, il n'a pas de problème à être reçu. Un peu plus à se satisfaire de la distorsion de rythme entre Matignon et celui d'une journée lambda de recherche d'emploi.

Fin octobre, le géant de la réassurance Scor lui confirme son embauche. Inconnue du grand public, cette entreprise dont le siège se situe avenue Kleber pèse pourtant des milliards. Le 16 décembre 2020, *Le Monde* titre : « Benoît Ribadeau-Dumas succèdera à Denis Kessler à la direction générale de Scor ». Le 17 mai 2021, *Les Échos* annoncent : « Coup de théâtre chez Scor, Benoît Ribadeau-Dumas ne succèdera pas à Denis Kessler». Six mois de perdus, et, au fond, une demi-surprise : Henri de Castries m'a toujours averti du cannibalisme de Kessler. Benoît ne managera pas les 3000 employés de Scor, mais il va rebondir. À Matignon, «Tous auraient pris une balle pour lui», m'a-t-on juré plusieurs fois. Dans sa lettre du 2 juillet, intitulée, telle celle d'un capitaine, «Farewell», Ribadeau avait conclu en remerciant ses marins, avant de les embrasser et de signer d'un simple «B.».

«Même si je suis arrivé sale et en T-shirt chez lui la veille de la nomination d'Édouard à Matignon, Benoît, c'est un coup de foudre», ne s'encombre pas de distance Charles. Il juge le directeur de cabinet hilarant et beau. Il a trouvé son du Guesclin. Pour ma part, je dirais qu'il s'agit d'un homme facile. Il dispose de cette aisance qui permet de parler chiffres sans faire matheux, dire des gros mots sans être vulgaire, parler crûment de politique sans avoir l'air de conspirer. Et, puisque le sujet se pose : physiquement, il ne manque pas de charme.

Pour expliquer la raison pour laquelle il l'a recruté comme directeur de cabinet, l'ancien Premier ministre cite dans son dernier livre une réplique de la série *The West Wing*. Un jeune ministre demande par quoi l'on commence quand on devient président. Réponse : «Vous avez un meilleur ami ? Est-il plus intelligent que vous ? Si oui, vous avez votre directeur de cabinet.»

Lors d'une de mes visites au Havre, Philippe m'avait dit un truc encore plus touchant : «Il vient d'un milieu bourgeois, catholique, c'est un scientifique que je ne suis pas, mais s'il m'arrivait quelque chose je lui confierais mes trois enfants sans problème. Ils ne seraient pas éduqués comme ils le sont avec moi, mais ils seraient très bien éduqués. Et je prends ses enfants demain s'il le faut. » Il faudra faire de la place : Ribadeau en a cinq.

Édouard Philippe, lui, n'aurait pas pu être directeur de cabinet à Matignon. Premier ministre, la marche semble difficilement franchissable, « mais dir cab', c'est en fait pire ». Alain Juppé lui a proposé d'ailleurs de l'être en 2007 au ministère de l'Écologie, m'apprend-il. Refus de son collaborateur de l'époque, qui préfère continuer la « poloche ». En revanche, Benoît, lui, sait faire. Pourquoi ? « Parce qu'il est un très bon manager, ce qui est rare pour un ingénieur. Qu'il sait motiver les gens. Qu'il est moins cultivé que moi mais plus intelligent. »

Si d'aventure, un jour, Édouard Philippe devient président de la République, il lui faudra choisir un secrétaire général de l'Élysée. Il y a déjà pensé. Il a même un nom en tête. Et ce ne sera pas Benoît. Notamment car Benoît ne s'y voit pas. C'est un homme d'action, pas d'influence. « Je suis d'accord avec lui, dit Édouard. Ce qui ne m'empêche pas de penser qu'il a été exceptionnel à Matignon. »

Quand on sort de l'ENA, en fonction de son classement, il faut choisir un corps. Inspection des Finances pour Castries, Bompard ou Macron, Conseil d'État pour Philippe et Ribadeau, les ex de Matignon. De nombreux articles de presse mentionnent ce pedigree, ce qui agace en général les intéressés, comme en témoigne le président de Carrefour, Alexandre Bompard : « Vous arrivez à l'ENA autour de vingt-trois ans. Certains sont fils de diplomates, d'autres de Français qui n'ont pas le bac. Moi quand j'ai eu le bac, mes parents pensaient que j'avais gagné les jeux Olympiques. Et alors Sciences Po, ils pensaient que j'étais le dalaï-lama. Certains à l'ENA viennent du 16ᵉ, d'autres de province, comme moi. On apprend beaucoup à l'Inspection ou au Conseil, mais on ne vous y forge pas le caractère. J'y suis entré et sorti avec mes qualités et mes défauts. Je connais beaucoup de conseillers d'État, je ne connais qu'un Édouard, qu'un Benoît. »

Pour chasser le poids de ce déterminisme, Bompard insiste et compare : « Prenez l'exemple des Anglais : ils sont ensemble à l'école dès l'âge de dix ans. Ceux de la bonne société sont éduqués dans les mêmes écoles de leurs dix à dix-huit ans. Quand vous avez reçu la même éducation et les mêmes codes, là, vraiment vous vous ressemblez. Et vous devenez amis pour la vie. Il n'y a qu'à voir la haute société des patrons, des hommes politiques et des médias anglais. Ils sont d'autant plus amis qu'ils se sont connus en culotte courte. » En France, l'inspection des Finances fait de vous, outre un élitiste, un obsédé du rabot de la dette publique. Le Conseil d'État un juriste allergique à la prise de risque. Et c'était le reproche fait à Édouard, comme à Benoît, considérés comme les deux oncles du mouvement des Gilets Jaunes.

« Que la France ait un problème avec ses élites, c'est sûr », pose le second. Qui, au moment du Grand Débat, envoie tout son cabinet écouter ce que la France a à leur dire. Il participe même, incognito, à deux événements. Ses conseillers et lui en sont tous revenus étonnés du degré de détestation suscitée. Politiques, fonctionnaires, journalistes : voici les premiers visés par la colère que les citoyens expriment. « Mais ce n'était pas le patron contre l'ouvrier, observe BRD. Plutôt la campagne contre les métropoles, plutôt un mouvement contre des élites déconnectées et imposant leurs vues. » Philippe comme Ribadeau ont pourtant toujours aussi vivement refusé qu'on les réduise à des « technos », et l'assignation à leur corps d'origine.

« On peut dire tout ce qu'on veut, je n'ai passé que quatre ans au Conseil d'État, rouspète Ribadeau. J'en ai démissionné tout de suite, parti en cabinet ministériel à vingt-neuf ans, et basculant dans le privé à trente-deux. Dans le privé, j'ai travaillé chez Thalès dans l'industrie de défense, puis j'ai cherché du pétrole. Il faut voir ce que c'est que la géophysique dans la jungle ou en pleine mer… Qu'est-ce que ça a à voir avec le Conseil d'État ? Rien. »

« Mais quelle place garde le droit dans votre vie et celle d'Édouard ?

— Le droit, c'est utile. C'est une technique. Pas un état d'esprit. Il faudra un jour se pencher sur ce pays pour savoir pourquoi nous avons des lois aussi longues et bavardes. Pourquoi le droit romain a été à ce point dévoyé. On est passés d'un droit directif mais sobre à un droit directif mais pointilliste. »

Il aimerait qu'on ne légifère que sur les choses importantes. Pas sur le marquage des vélos ou les enseignes lumineuses. Et que certains ministères se départissent de leur « logique soviétique ».

« Moi, ce que j'ai appris au Conseil d'État, c'est la liberté et le bon équilibre entre un État qui sait agir dans les domaines où il faut intervenir et qui laisse respirer les gens sur le reste. Je suis assez attaché à une justice administrative, qui ne soit pas la même que celle pour les gens. Il faut donc un juge capable de savoir ce que c'est que de gouverner. L'État n'étant pas un acteur comme les autres, il lui faut un contrôle spécifique, et le Conseil d'État sert à ça.

— J'entends, mais comment interpréter alors cette accusation de techno rigide empêchant les politiques de créer en rond ?

— Je n'ai jamais prétendu être un disruptif. Mais je ne crois pas être un technocrate. Je suis profondément un libéral, y compris dans les mœurs. Je ne supporte pas ces bureaux d'administration qui créent des normes. Je leur faisais la guerre toute la journée. On vit aujourd'hui une période d'hubris de l'État, et nous avons avec Édouard lutté contre cela. Lutté contre ceux qui, face à des recettes, au lieu de baisser les impôts, se demandent où augmenter les dépenses. Le présupposé d'une certaine administration française consistant à penser qu'elle sait mieux que les gens ou les entreprises où placer l'argent. »

Pour Benoît Ribadeau-Dumas, l'État divague, et ce, malgré d'excellents éléments. Lors d'un déjeuner au printemps avec le ministre de la Santé, Olivier Véran lui raconte avoir défendu ses jeunes hauts fonctionnaires en Conseil des ministres. Il faut concevoir que des jeunes femmes et hommes aux études brillantes perdent, en choisissant de servir l'État, une part importante du salaire qu'ils auraient pu toucher dans le privé. Dans les années 1970 ou 1980, l'État avait d'ailleurs moins de mal à recruter. « Notre système doit s'interroger : pourquoi des gens dévoués sont-ils mal utilisés ? Sont-ils motivés, promus, retient-on les bons ? »

« Il y a des endroits de l'État qui fonctionnent très bien », promet Édouard Philippe. Par exemple le système de remontée d'info, de veille, d'intervention d'urgence du ministère de l'Intérieur. « Et il y a des domaines dans lesquels ça ne fonctionne plus du tout », admet-il de la même manière. Par exemple ? « Nos ambassadeurs ne sont pas tous bons. »

Pendant la campagne présidentielle de 2017, Emmanuel Macron annonce ce que les Américains appellent un *spoil system*. Il s'agit de renouveler en profondeur l'appareil d'État, en nommant à tour de bras des gens fans de soi. Ce *spoil system* n'adviendra pas. C'est par ailleurs une méthode à laquelle Philippe ne croit pas. Il croit, pour faire changer les choses, « aux vieux mécanismes ». Par exemple ? Faire une loi.

Lui et son directeur de cabinet sont très fiers de leur loi de 2019 sur la transformation de la fonction publique. Qu'ils ambitionnent bien sûr de moderniser. À l'époque, Emmanuel Macron laisse faire Matignon sur le sujet. « On a tout fait péter », se félicite Benoît. Pourquoi ? « Édouard et moi on aime profondément l'État, tout en voyant bien à quel point il est antédiluvien. Centralisé, pas managérial, peu réactif. Tout est fait pour castrer : par excès de juridisme, par absence d'ordres clairs et de récompenses. Une des fois où j'ai été le plus fier d'Édouard, c'est quand il a réuni tous les directeurs d'administrations centrales au début du quinquennat, et qu'il leur a tenu un discours, non préparé, tout sauf démago. Quant à mon équipe, je jaugeais les gens à ce critère : quand c'est dur, sont-ils prêts à bosser une demi-heure de plus pour l'État ? Sont-ils prêts à ne pas lâcher le ballon ? »

Le cabinet que BRD compose à Matignon pour Édouard Philippe ne sombre pas dans le jeunisme. Point trop de *bleus*, et plutôt plus de seniors qu'ailleurs. Ils aimeraient presque que l'on dise d'eux qu'ils sont *old school*.

Ribadeau arrive rue de Varenne habité par la mythologie de la fonction. En tête, cette phrase de Raffarin qu'il a déjà servie ici : « L'Élysée est un Palais quand Matignon demeure un Hôtel. » Un Hôtel avec du passage, des portes ouvertes, des gens qui vivent les uns sur les autres et même « des draps sales qui sèchent aux fenêtres : si bien qu'un conseiller qui y vivrait porte fermée raterait tout ».

S'installer Rive gauche, à Matignon, signifie organiser le bon fonctionnement avec le Palais de la Rive droite. Dès le début du quinquennat, Emmanuel Macron instaure un rituel qu'il ne démentira pas : un déjeuner à quatre, chaque lundi, réunissant le président de la République, son secrétaire général de l'Élysée, Édouard

Philippe et Benoît Ribadeau-Dumas. Si pendant trois ans, le quatuor ne connaît pas de dysfonctionnement majeur, cela ne signifie pas pour autant qu'il y a toujours eu alignement.

La première émotion arrive au début de juillet 2017. Le 4 de ce mois-là, Édouard Philippe doit prononcer, devant l'Assemblée nationale, son discours de politique générale. Le nouveau président décide, lui, de réunir la veille un Congrès, jonction des deux chambres du Parlement. Faut-il le prendre comme une humiliation ? s'interroge Matignon. Antoine Gosset-Grainville, ancien directeur adjoint de cabinet de Fillon, rassure son lointain successeur. « Rassurez-vous, mon cher ami : nous, le jour même du discours de politique général de François, on découvre à 11 heures du matin une interview du secrétaire général de l'Élysée, Claude Guéant, dans *Le Monde*, donnant sur deux pages les grandes orientations pour la nation. »

Heureusement pour Édouard Philippe et son équipe, Emmanuel Macron prononce devant le Congrès un discours assez abstrait. Sans qu'on sache, à l'époque, que cela deviendra chez lui une signature. Au début de son mandat, quand le Président annonce la suppression de l'ISF, son chef de gouvernement l'alerte sur le risque d'insinuer l'idée d'un président des riches. Sur la baisse des dépenses publiques, l'Élysée rechigne à réformer quand Matignon y va plus franchement, quitte à entretenir sa réputation de pingre. Au bout de trois ans, faire le budget du gouvernement devient presque facile pour Édouard Philippe et son directeur de cabinet : les ministres n'osent même plus demander de rallonge.

Le duo part en revanche sur un inachevé : la réforme des retraites. Réforme qui figera la différence d'approche philosophique entre Matignon et l'Élysée.

Depuis le début de l'affaire, Édouard Philippe et Benoît Ribadeau-Dumas penchent pour une réforme des retraites « paramétrique ». C'est-à-dire qu'ils n'ambitionnent d'agir que sur les paramètres des différents régimes déjà existants pour réduire les déficits. Emmanuel Macron, plus audacieux, plaide pour une réforme systémique, où c'est carrément le mode de calcul qu'on change. Il souhaite établir un système universel, à points.

Côté philippistes, on craint que « ça ne boucle pas » : trop complexe, et sans assez de garanties sur l'équilibre financier. Au début du quinquennat, Benoît Ribadeau-Dumas et Thomas Fatome, son directeur adjoint de cabinet, présentent au président de la République un projet de réforme paramétrique touchant les régimes de la fonction publique et les régimes spéciaux de salariés. Ils laissent de côté ceux des artisans, des avocats et autres professions libérales. « D'une part, car ce sont des professions assez corporatistes, mais aussi parce que leurs régimes ne sont pas si mal gérés et qu'ils vivent comme une injustice crasse le fait que leur réserve aille financer la caisse de retraite des cheminots ou des profs », explique BRD. Matignon propose aussi que l'ensemble des salariés travaillent un ou deux ans de plus que l'âge légal de départ, aujourd'hui fixé à soixante-deux ans. « Moi, j'aurais même dit soixante-cinq ans », confie aujourd'hui Philippe.

Le P-DG de Carrefour Alexandre Bompard pense comme lui. Il le pense avec la légitimité de celui, qui, jeune diplômé, officie en 2003 comme conseiller de François Fillon au ministère des Affaires sociales. Cette année-là, Fillon prépare justement une réforme des retraites. « C'était un moment très gaulliste-social, se souvient Bompard. L'équipe politique venait de chez Philippe Séguin. François Fillon, lui, se comportait comme François Fillon : avec un mélange de charisme naturel et de grande retenue. Sa réforme des retraites allait très loin, même si l'Élysée et Matignon étaient très vigilants. La conflictualité sociale liée à la réforme montre que François Fillon est allé aussi loin que possible. »

Sur celle tentée par son ami Édouard, Bompard se dit convaincu de la priorité du paramétrique sur le systémique. « Je ne voyais pas comment mener, en responsabilité, une réforme qui ne bouclait pas financièrement. Or, avec la réforme des retraites, le politique dispose d'un levier très puissant d'équilibre des finances publiques. S'il ne fait rien, c'est une bombe à retardement avec des conséquences potentiellement dramatiques en termes de justice sociale. »

La crise sanitaire a stoppé net le projet de 2020. Une frustration pour Philippe, notamment sur le plan politique. « Je me suis battu pour cette réforme. Je n'ai pas calé sur l'équilibre financier. J'ai été jusqu'au 49-3, ce qui m'a valu plein d'ennemis, même si ça m'en touche une sans faire bouger l'autre. La réforme des retraites aurait été une énorme réforme structurelle. Je sais bien que la droite se plaisait à dire qu'elle ne contenait que des demi-mesures. Figurez-vous que mon angoisse, pendant les débats, ce n'était pas que les LR me gueulent dessus, mais qu'ils commencent à répéter que ce que je faisais était bien. Que j'étais pour eux un des leurs. Ils m'auraient complètement mis en l'air, je perdais ma majorité. »

L'ancien Premier ministre pronostique qu'Emmanuel Macron fera bel et bien une réforme des retraites avant l'élection présidentielle de 2022. Sauf qu'en présidant trop tard, il pourrait en avoir les inconvénients sans les avantages.

Plan B

Édouard Philippe est le plan B du système. D'abord pressentiment, cette idée se mue en 2021 semaine après semaine en certitude. Dès le week-end du 27 février, *Libération* fait sa une sur Marine Le Pen et Emmanuel Macron : « Le barrage mal barré ». Ou comment la gauche ne compte pas docilement reporter ses voix sur Emmanuel Macron en cas de duel face au Rassemblement national. Toute la macronie hurle, accusant le journal de compromettre la survie du front républicain.

Si Emmanuel Macron, au fil du temps, ne s'avère plus être le candidat idéal pour battre Marine Le Pen, si Emmanuel Macron est rattrapé par la rue et la décomposition, le système (c'est-à-dire l'addition informelle, naturelle, non concertée, des médias, des sondeurs et des influenceurs culturels, économiques et politiques) a besoin d'une corde de rappel. Homme politique préféré des Français, au positionnement central, qui de mieux que l'ancien Premier ministre pour l'incarner ? « Édouard a tout intérêt à faire fuiter des sondages de second tour où il l'emporterait à 60 % face à Marine », analyse dès le début de mon projet Henri de Castries.

Pour Anne Lauvergeon, l'ancienne patronne de Philippe chez Areva, Emmanuel Macron a commis « une erreur politique de dingue » le 3 juillet 2020. « En s'en séparant, le président l'a placé dans un espace céleste », embraie Manuel Valls lors d'un déjeuner au journal.

En 1945, les Anglais ont renvoyé Churchill car il leur rappelait la guerre. Non seulement Emmanuel Macron rappelle aux Français la pandémie, mais la situation sécuritaire frôle l'ébullition. 2022 va nous réserver des alliances inattendues, des surgissements de personnalités, et des chutes de candidats établis.

Les sondages montrent qu'Édouard Philippe est un meilleur candidat pour l'électorat LR que les dirigeants actuels de la droite. Dès qu'un article parle d'un cadre de droite qui voit en Philippe un recours, les amis de ce dernier se lèchent les babines. Ils ne boudent pas non plus en observant que sa popularité s'avère supérieure à celle d'Emmanuel Macron chez les sympathisants de la République en marche. À gauche, Édouard embrasse large également. Diabolique.

Pour 2022, la ligne personnelle d'Édouard Philippe ne souffre d'aucune surprise, comme l'a montré toute la séquence de promotion de son dernier livre. Interrogé à chaque interview sur le sujet, il répète et répète encore son mot du moment : il n'est pas là pour parler de ça, n'a pas à céder à l'injonction de savoir si oui ou non il soutiendrait Emmanuel Macron. Il ne ferme aucune porte, et cela renvoie l'idée qu'il en ouvre. Il faut comprendre qu'il ne partira pas à l'assaut d'un président-candidat mais se tient prêt, en réserve, si la République cherche un nouveau chef d'État.

Au début du mois d'avril, lorsqu'il rencontre le président du groupe Les Républicains au Sénat Bruno Retailleau, les deux hommes ne font pas que bien rire ensemble, malgré leurs divergences idéologiques. L'ancien Premier ministre laisse transparaître ce qu'il présage : le président sortant sera candidat, mais sa campagne ne pourra pas forcément atteindre son terme.

Édouard Philippe est un homme organisé. Il s'intéresse plus à sa logistique que ne pouvait le faire quelqu'un comme Alain Juppé. Il n'attend pas que les choses se structurent autour de lui. Il prétend agir. Un peu. Ses équipes ne savent pas si elles préparent 2044 ou 2022, mais elles se tiennent prêtes. D'anciens chefs de pôle à Matignon se disent mobilisables d'une unique pression sur un bouton. Leur tête d'affiche poursuit sa phase de renormalisation. Comprendre : redevenir un homme politique, avec ce que cela comporte d'esprit de conquête.

Il n'y a pas un jour sans échanges en philippie. Le système de veille tourne, les boucles WhatsApp circulent, les alertes Google et Use E, pour les vidéos, scandent les heures. Le potentiel candidat, lui, délègue parfois l'agitation. « Je suis très différent de Xavier Bertrand, compare-t-il. Xavier, c'est un type très organisé, qui envoie des tonnes de SMS. Il vous souhaite votre anniversaire. Relève une tribune dans la presse où vous avez dit qu'il fallait créer trois écluses entre Paris et

Rouen. C'est très impressionnant Moi, je ne suis pas comme ça. »

Édouard Philippe et ses amis voient leur motivation augmenter à chaque déclaration, *off* ou *on*, distillée par des proches du chef de l'État à leur sujet. Quand le président de l'Assemblée nationale, Richard Ferrand, affirme que pour la campagne 2022, Philippe fera ce qu'on lui demandera, quand des ministres laissent entendre que leur ancien chef de gouvernement sera forcément, dans les futurs meetings de Macron, assis au premier rang, quand des conseillers présidentiels estiment qu'il sera pour eux « un aspirateur à voix de droite », cela ne fait que creuser plus profond la tombe de leurs illusions. « Ceux qui parlent au nom d'Édouard ont toujours tort, avertit Charles Hufnagel. Psychologiquement, ils commettent une grosse erreur. » À force de parler de 2022, la macronie donne envie à la philippie de répondre : « On verra... » Autour d'Édouard Philippe, on ne se sent pas dans la peau des macronistes béats. Autour d'Emmanuel Macron, l'infantilisation vire parfois à la menace : certains s'amusent à faire savoir que des dossiers crapoteux sont prêts à être utilisés comme moyens de pression, en cas de besoin.

On a pu mesurer les limites de l'intelligence sociale des conseillers présidentiels dès le lendemain du renvoi d'Édouard Philippe. Des amis du président de la République ont cru bien faire en laissant fuiter que le désormais ex-Premier ministre serait chargé d'une mission de « coordination » de la majorité. Et pourquoi pas préparer les cafés, tant qu'on y est ?

Car ici, on a une petite idée de combien on vaut. Ou estime peser. Au mariage de Gérald Darmanin fin août 2020, les gens font la queue pour venir saluer Édouard Philippe. En sortant d'un dîner du Siècle, un des convives confie après l'avoir rencontré que tout n'était pas perdu, au chapitre du nivellement par le bas de la qualité des hommes politiques. Même Nicolas Hulot, qui, ministre, entretenait des relations pour le moins compliquées avec son chef du gouvernement, m'envoie un jour par SMS : « Je ne crois pas que ce soit un mec qu'on puisse détester. » C'est pourtant ce qu'Emmanuel Macron a fini par ressentir.

Le 9 septembre 2020, j'ai rendez-vous avec le député Thierry Solère dans un café du 7e arrondissement. Solère n'officie pas encore comme conseiller politique du président de la République, mais c'est bien lui qu'Emmanuel Macron va faire venir à l'Élysée dans quelques semaines. Rond, drôle, totalement affable, assez agile intellectuellement, il est l'homme qui va tenter de fracturer la droite en PACA en nouant dans la coulisse une alliance avec la majorité présidentielle, ou celui qui réconcilie Jean-Louis Borloo et le Président quand ils connaissent un différend. Pendant la campagne présidentielle, c'est en compagnie de Thierry Solère qu'Édouard Philippe effectue ses premiers rendez-vous secrets avec Emmanuel Macron. Un jour, le candidat leur demande même : « Il faut dire quoi en meeting pour plaire à la droite ? » Les deux compères lui pondent quelques conseils, et observent plus tard à la télévision le principe politique d'une fusion-acquisition : Macron récite leur note.

Thierry Solère, dans la galaxie d'Édouard Philippe, occupe de par sa personnalité généreuse et ses manies bavardes une place à part. « Thierry, c'est celui qui parle le plus et me connaît le moins », résume Édouard. « Mais attention, il s'agit pour moi d'un super copain, et très fort avec ça. » Du temps de Matignon, le Premier ministre le convie aux petits déjeuners politiques pour faire du liant entre lui, François Bayrou et les chefs de groupes parlementaires. Il aide aussi Édouard Philippe à préparer des émissions de télé. Pour cela, il lui arrive de jouer le rôle du journaliste ou de l'opposant politique. La plasticité idéologique de Thierry Solère n'a d'égal, selon ses détracteurs, que son inconstance politique. Les enfants de François Fillon l'ont dans le viseur depuis que, porte-parole de la campagne de leur père, il a démissionné et est allé le débiner le soir même au JT de France 2.

Je le connais un peu ; d'autres journalistes politiques fréquentent bien plus que moi cet incontournable personnage politique. Ce 9 septembre, je suis encore K.-O. de l'affaire Obono. Je me souviens aussi de milliers de guêpes dans Paris. On nous disait qu'il y avait un lien avec un hiver particulièrement doux et le confinement du printemps. Tout en chassant les insectes, nous évoquons Édouard. Thierry revient du Lot-et-Garonne, et comme son amitié avec Philippe connaît une petite notoriété, on lui a encore demandé dans les allées du marché : pourquoi le président de la République s'est-il séparé de son Premier ministre ?

« Le sujet c'est pourquoi, confirme Solère cet après-midi. Pourquoi il est parti ? Personne n'a compris.

Mais pour moi la réponse est claire. C'est parce qu'Emmanuel Macron ne pouvait plus le saquer.» Cela me fait penser à ce que Philippe de Villiers rapporte de ce que lui aurait un jour dit Macron sur Philippe : «Je ne le supporte plus.»

Ces émotions peuvent s'ajouter, sans antinomie, à des considérations plus rationnelles et sages. Telle celle formulée par Laurent Bigorgne, le président de l'Institut Montaigne : «Macron se sépare de Philippe car il se dit que ça commence à sentir le roussi, et qu'il n'y a pas beaucoup de monde dans la plaine. Alors, avant qu'Édouard Philippe ne s'abîme et s'use, je le sors. Ainsi, si je ne peux pas aller au bout, il pourra y aller à ma place. Dans un système aussi destructeur que le nôtre, aussi nihiliste, ce serait rationnel plus que chevaleresque. Car Édouard ne pourra y aller que si Macron ne peut pas y aller. De même que ce n'est pas parce que Édouard est sorti que Macron ne pourra pas y aller.»

Dans le camp d'Édouard Philippe, on utilise l'expression de «divorce à l'amiable». Depuis, les anciens partenaires ne se parlent pas tant que ça. Un déjeuner qu'on fait fuiter dans le *JDD*, une Légion d'honneur promise par le Président à son ancien Premier ministre, et qui finit par advenir en juin 2021, au bout de longs mois d'un feuilleton sans rythmique. Les derniers souvenirs du couple exécutif demeureront des souvenirs de friction. En juin 2020, les *off* des amis du Président occupent les journées entières de la cellule communication de Matignon. D'où l'on observe que Macron ne dément jamais publiquement les attaques. Pas plus qu'il ne tente de les faire arrêter en privé.

Le départ permet d'identifier les différences, de verbaliser les divergences. Comment protéger, puisque c'est le rôle d'un Premier ministre, un président qui parle autant ? *L'Express*, *Brut*, CBS, *Zadig*, Al Jazeera, *Conflits*, *Valeurs actuelles* et tant d'autres médias. Le souvenir d'Emmanuel Macron laissant paraître un soir sur Twitter une vidéo où il évoque « le pognon de dingue », alterne des cures de silences et des poussées de paroles, n'émeut pas. Le président de la République est un homme de coups quand son Premier ministre la joue tout doux. Trop doux ? Emmanuel Macron affronte dans le même match télévisuel Jean-Jacques Bourdin et Edwy Plénel, quand Édouard Philippe privilégie des formats plus conventionnels, voire consensuels. L'un poursuit par sa pratique la théorie de la disparition du Premier ministre quand l'autre veut encore y croire. Cumulés, ces multiples hiatus forment un tout. Ce qui était perçu hier par la philippie comme de l'audace passe pour une absence de stratégie définie. Autrefois complémentaires, leurs tempéraments paraissent désormais antagoniques.

Henri de Castries a bien connu Emmanuel Macron. Il le recevait il y a quelques années chez lui rue du Cherche-Midi, ou dîne en sa compagnie chez Alexandre Bompard. Son épouse Anne et lui apprécient beaucoup Brigitte, chaque fois qu'ils la voient. Leur fils, Jérôme de Castries, l'a eue comme professeur à Franklin, et lui aussi en dit le plus grand bien. « Je n'ai jamais eu d'hostilité profonde à l'égard de Macron, insiste Henri. Je considère que sur l'Europe il a fait plein de choses.

Ce que je pense, et qui est maintenant ce que tout le monde dit, c'est que ce garçon a une personnalité beaucoup plus complexe qu'il en a l'air. »

Dès 2012, lors d'un déjeuner d'inspecteurs des Finances au cercle Interallié, Henri s'en méfie. Emmanuel Macron travaille alors pour la campagne de François Hollande et explique combien taxer les riches à 75 % lui paraît formidable. Autour de la table, Henri fait partie des plus seniors. Il prend la parole : « Écoute Emmanuel, ou bien tu penses ce que tu dis, et ça m'inquiète. Ou tu ne le penses pas et cela signifie que tu te fous de nous. » Le jeune banquier de chez Rothschild se vexe, mais les deux hommes continueront à entretenir des rapports aimables, avant qu'ils ne se distendent. « Ensuite, j'ai toujours ressenti au sujet d'Emmanuel le fait qu'il n'était pas extrêmement difficile de deviner que son charme relevait d'un sortilège quasi luciférien. Il cherche à séduire les gens pour s'en servir. Autant Édouard est franc comme l'or, autant Emmanuel me paraît beaucoup plus dissimulé. »

Entre Macron et Philippe, le bilan chiffré de leur relation institutionnelle s'établit, en trois ans, à moins d'une dizaine de tête-à-tête : à ce niveau de responsabilité, cela comporte quelque chose d'humainement très suspect. Ils se sont quittés sur un insolite *hug* initié par le Président. Son Premier ministre a trouvé le geste curieux.

Au moment du bilan, Édouard Philippe retient néanmoins une forme d'élégance. « Il a longtemps fait très attention, à quelques décisions près, d'être respectueux de ma fonction.» Mais comment qualifier la marge de manœuvre d'un Premier ministre aux côtés d'un tel président ? « À la fois encadrée et considérable. Un Premier ministre est là pour être pleinement numéro 2. Pas numéro 3, hein. Pleinement numéro 2. Le Président fixe le cap, et moi, je dois y arriver. Il n'y a pas marqué sur mon front que j'ai vocation à être numéro 1 et que je ne peux pas accepter d'être numéro 2. Ni que j'ai vocation à rester toujours numéro 2, je vous le garantis. Si un jour je suis élu, c'est moi qui fixerai le cap, croyez-moi. Et c'est quelqu'un d'autre qui se démènera pour y arriver. C'est comme ça. C'est le job.»

International

Il y a deux choses que vous devez vous interdire, quand vous êtes Premier ministre, c'est poser dans *Paris Match*, et vous ébrouer à l'international. Quitter Matignon vous autorise à parler à loisir de sujets élyséens. Premier ministre doit se vivre comme un job relativement discret et sédentaire, où vos allers-retours vers les chambres du Parlement demeurent les principaux déplacements. Ce fut en tout cas la religion proclamée d'Édouard Philippe.

Les dirigeants du monde peuvent en revanche venir à vous. Ce fut notamment le cas du Chinois Xi Jinping et du Russe Dmitri Medvedev. En juin 2019, le Premier ministre de Vladimir Poutine atterrit en Normandie. « Venez chez moi, vous verrez, ce sera différent », lui glisse Philippe en amont. Saint-Pétersbourg a un temps été jumelé avec Le Havre. Et cela n'a rien à voir avec le surnom de Stalingrad-sur-Mer que les détracteurs de l'architecture Perret lui avaient donné. Medvedev vient, mais il ne faut pas fâcher Macron, organiser ça lentement, ne pas donner l'impression qu'on empiète sur le domaine réservé du Président. Tout en suivant les conseils prodigués par Nicolas Sarkozy au début du quinquennat : « Édouard : il faut que tu établisses un canal parallèle à celui de Macron avec Poutine, en traitant son Premier ministre. Cela peut servir la relation franco-russe. »

Tapis rouge devant l'Hôtel de Ville, rencontre bilatérale aux échanges assez directs, puis conférence de presse durant laquelle le Français tente de ne pas se pousser du col. « En diplomatie, certains font l'inverse : ils se comportent comme des agneaux en tête à tête, et pratiquent le rentre-dedans devant la presse. Ce n'est pas ma technique. »

Medvedev lui offre un boxeur en bronze qui ne quitte plus son bureau. Ils arpentent la ville ensemble. Il faut voir une fois dans sa vie combien de gardes du corps assurent la sécurité d'un dignitaire russe. Centre-ville bouclé, visite des monuments iconiques, dont l'église Saint-Joseph, sous l'œil de cerbères postés sur les toits. Deux traductrices assurent à la vitesse de l'éclair la traduction de ce que peut dire Philippe ou la guide. Le Premier ministre de Poutine prend lui-même ses photos, avec un appareil numérique un peu dépassé, se souvient la guide.

Le soir venu, les deux hommes dînent chez Tartarin, le seul restaurant doublement étoilé de la ville. L'établissement a été privatisé, ils retirent leur cravate. De belles bouteilles garnissent la table. Medvedev promet de l'inviter en retour à venir chez lui en 2021. « Même si vous n'êtes plus rien. »

L'analyse des responsables politiques au sujet de la teneur de la relation diplomatique que la France doit entretenir avec la Russie a quelque chose de très révélateur de leur positionnement général. L'appréhension de ce pays agit comme un mètre étalon du conformisme dans le domaine des relations internationales. Comme souvent chez Édouard Philippe, on sent deux forces opposées se colleter en un seul être : l'une tentée par la transgression, l'autre convenue.

Il pense par exemple qu'il faut diminuer les sanctions à l'égard du pays-continent. Alors j'appuie : faut-il convaincre les États-Unis de faire la paix avec la Russie ? Faut-il détourner l'axe grandissant entre Moscou et Pékin pour que l'Europe soit de nouveau un partenaire privilégié ? La réponse ne tarde pas : « Voilà des questions bien françaises... La question n'est pas "est-ce qu'il faut ? ", mais "est-ce qu'on peut ? " Or les Russes ont aujourd'hui plus d'intérêt à parler avec les Chinois – qu'ils n'aiment pas fondamentalement, mais qu'ils comprennent. Globalement, l'Occident représente, pour les Russes, un gros chat castré. Ronronnant, pas très dangereux. Ils ont même un mot dans leur langue pour ça. Et vous voudriez qu'on cesse de leur dire qu'ils n'ont pas à prendre la moitié de l'Ukraine ? Qu'il n'est pas hors de question qu'ils passent la frontière des pays Baltes ? Se dire que les Russes seraient sensibles à nos abandons, ce serait vraiment mal les connaître. Avec eux, il faut être sûr de soi. »

Medvedev est reparti du Havre. À Paris, Emmanuel Macron s'est séparé de son Premier ministre. Édouard Philippe peut dès lors continuer sans demander à faire de la diplomatie. « Je vois beaucoup de diplomates en ce moment, et je ne me gêne pas pour les voir. » Un jour où je le rejoins au Havre, il vient de déjeuner avec l'ambassadeur du Qatar. Qui, outre une belle bouteille de calvados, lui offre une longue discussion sur le Moyen-Orient. Partie du monde où Philippe aimerait que le modéré prince aboudabien Mohamed ben Zaied serve de modèle à ses voisins. Il a aussi vu l'ambassadeur de Turquie récemment. Concernant Ankara, Philippe a des idées bien arrêtées.

Il a bien noté que la Turquie d'Erdogan se trouve « dans une phase d'affirmation de puissance ». Et qu'on ne peut pas exactement dire ça de l'Europe. Et la Hongrie, alors ? Il riposte : « La Hongrie, elle n'affirme pas sa puissance, elle affirme son identité. » Édouard Philippe croit déceler dans la Turquie un interlocuteur qui ne respecte que la force. « Ils n'auront pas envie de discuter avec nous si nous sommes faibles. Si on est forts, je ne dis pas qu'ils auront envie de discuter avec nous, mais ils n'auront pas le choix. » Le pays a des points faibles : difficultés économiques, éparpillement de leur monnaie nationale à l'étranger, sans parler des soucis de politique intérieure ou liés au conflit avec les Kurdes. « Je considère que la Méditerranée centrale, c'est à nous. Et qu'il faut la défendre. On ne peut pas réprimander les Russes sans expliquer aux Turcs que la Méditerranée centrale est à nous. Mais je n'irai pas les emmerder en mer Noire. En revanche, le large de l'Italie et de la Libye, c'est chez nous. »

2020 a été frustrante pour le Premier ministre remercié le 3 juillet, qui comptait sillonner pour oublier. Il serait allé de nouveau en Chine, après plusieurs voyages de jeunesse, et une visite en 2018.

Un des meilleurs conseils qu'on lui ait donné dans sa vie concerne l'empire du Milieu. Il faut y retourner tous les ans, et bien préciser les endroits où vous étiez l'année précédente. À chaque fois, laisser entendre que vous avez trouvé passionnants les échanges avec vos interlocuteurs d'avant. Et ainsi de suite. «Et à la fin vous devenez Jean-Pierre Raffarin?» Ma blague, faisant référence à son prédécesseur, reconverti en lobbyiste chinois, passe assez moyennement.

Il reprend, narrant son rendez-vous avec le Président lors de sa visite à Pékin en juin 2018. «Xi est très impressionnant, d'un calme souverain. Autant vous dire qu'avant d'entrer dans la salle, on révise ses fiches. L'entretien dure une heure, je comprends rapidement que je ne vais pas réellement lui vendre ma sauce sur les contrats commerciaux, et que mes rendez-vous avec des subalternes lors de la suite de ma visite ont été calés spécialement pour ça.» Xi Jinping et Édouard Philippe se lancent dans une étude comparative des modes de gouvernance entre la Chine et le reste du monde. «En Chine, le pouvoir, c'est l'immobilité», pense au fond de lui le Havrais. «Il n'y a qu'à voir les palais impériaux : ils se trouvent au cœur de la ville, et sont vides. L'enjeu, pour celui qui dirige, est d'apparaître stable et entouré de gens très agités autour de lui pour résoudre n'importe quel problème.»

Quand Xi revient le saluer à l'occasion d'une visite d'État en France, les joues d'Édouard Philippe rosissent.

Venu voir Emmanuel Macron, le président chinois n'était pas obligé de faire un détour par Matignon. Rue de Varenne, on lui prépare plusieurs attentions, comme lui servir du thé de sa région natale, après que les services du protocole ont enquêté. Benoît Ribadeau-Dumas se souvient également qu'il a été accueilli dans le jardin par la Garde républicaine : « C'était la première fois depuis Churchill. »

À quoi ressemblerait un monde plus encore sous domination chinoise ? Henri de Castries, dans une interview au *Figaro*, se demande si leur expansionnisme se circonscrira au seul domaine économique, et prédit, entre l'Occident et la Chine, une rivalité « stratégique et systémique ». « Il est clair qu'il est difficilement imaginable de penser qu'il n'y aura jamais d'expansion de leur modèle culturel et qu'ils se contenteront d'une guerre commerciale », abonde Philippe.

C'est au moment où il travaillait chez Areva comme directeur des relations publiques que le géant du nucléaire a signé de gigantesques contrats. Avec, on l'a vu, Arnaud de Bourayne aux manettes. Lequel prodigue à son ancien collègue quelques conseils. Lui est arrivé à Pékin dans un bureau de quatre personnes. « Je dirais à Édouard de regarder patiemment ce qu'il faut faire, de s'imprégner de l'insondable mentalité locale. Car moi, pendant trois mois, j'ai nagé. » Bourayne dispose d'une adjointe chinoise, dont il se méfie. Il repart à l'issue de sa mission en laissant un bureau de quatre-vingts personnes et deux réacteurs EPR vendus pour 7 milliards d'euros. « Je dirais aussi à Édouard qu'avec les Chinois, il faut pouvoir proposer un projet précis, sinon on ne les intéresse pas. Il faut être dans le concret. En retour, là où l'Autorité de sûreté finlandaise met plusieurs années à répondre, en Chine vous avez une réponse en quelques mois. Avec eux, on n'est jamais en train de faire de l'émotionnel ou de la pure diplomatie. En revanche, la relation personnelle joue beaucoup. Ils sont assez faciles, jamais tristes. Mais on demeure toujours des étrangers. Cette cloison relève de leurs gènes. On ne pénètre jamais leur intimité, car, pour eux, au fond, nous n'avons rien de commun. La seule chose qui peut s'obtenir, c'est la confiance. Alors on dîne autour d'immenses tables où on se saoule la gueule. »

À vrai dire, Édouard Philippe travaille déjà avec la Chine. Pékin a investi dans une des sociétés manutentionnaires du port du Havre, lui-même jumelé avec le port de Shanghai. Le maire et le jeune directeur du port, Baptiste Normand, sont déjà allés là-bas pour faire la publicité de leurs équipements. Là où les Chinois ne regardaient que le *transit time* auparavant, ils regardent désormais l'impact environnemental. Pas par bons sentiments : dans l'exportation des produits hauts de gamme, cela joue sur la valeur ajoutée du produit. Le directeur du port sort d'une réunion avec Philippe, pour réfléchir à comment aider Air Liquide à s'implanter ici et généraliser le recours à l'hydrogène quand il m'explique tout ça. S'il avait occupé ce bureau dans les années 1970, Baptiste Normand aurait eu un hélicoptère de fonction et un appartement de 300 m² à sa disposition. C'était l'acmé du tout-pétrole, et Le Havre en raffinait 70 millions de tonnes par an, contre 25 aujourd'hui.

Le droit social tel que défini par les dockers havrais n'a pas tellement aidé à améliorer leur compétitivité face à des concurrents comme Amsterdam. Je n'ai d'ailleurs pas réussi à en rencontrer malgré mes requêtes. Et le maire préfère les voir sans presse. Entre 2014 et 2017, Édouard Philippe n'a pas raté une séance du conseil de surveillance du port. Avec 32 000 emplois liés à son trafic, pour une communauté urbaine de 230 000 habitants, on comprend pourquoi.

Mais il n'y a pas que ça. Le port recèle des enjeux d'identité énormes pour la ville. Le rappeur Médine l'exprime dès les premières secondes d'un assez bon documentaire sur lui produit par So Press et diffusé sur France Télévisions : « Il y a une vieille légende qui dit que les villes portuaires sont très attractives. Tu finis toujours par y revenir. »

Le port s'impose comme le décor majeur que l'on retrouve sur le compte Instagram d'Édouard Philippe. Les conteneurs, les cargos géants, la première escale française du plus gros porte-conteneurs du monde, le *Jacques Saadé*, tout cela offre des éléments de mise en scène grandioses. Ici, ça bosse avec le reste du monde et ça regarde vers l'avenir. Quand Jean Castex vient le 22 janvier 2021 au Havre, Philippe publie une photo sur son compte Instagram, prise du haut du pont supérieur du *Jacques Saadé*, où il pointe le doigt vers l'horizon en chuchotant à l'oreille de son successeur. Un Internaute facétieux écrit la légende en dessous de la publication : « Tu vois, Jean : là-bas, c'est mon charisme. »

Eugénie, les larmes aux yeux

Le Premier ministre n'est pas le chef des armées, mais ce 31 août 2019, Édouard Philippe se sent plus que bien dans le Var. Il se trouve à Fréjus, pour la commémoration des combats de Bazeilles. Bazeilles, c'est le Camerone de l'infanterie de marine. Ce soir, pas de caméra ni de presse nationale. Il ne faut pas énerver le Château. Mais il ne faut pas non plus bouder son plaisir. Tard dans la nuit, pinte à la main, le voilà qui chante, et chante encore.

Il y a là les gars du 21e RIMA, régiment mythique de la Coloniale. Dans l'assemblée, le regard gourmand, Charles Villeneuve n'en revient pas. Ancien dirigeant de TF1 et un temps président du Paris Saint-Germain, Charles préside le comité éditorial de *Valeurs actuelles*. Je crois que je n'ai jamais vu plus fana-mili que lui. Ce soir-là, il compte les pintes bues par Philippe et se demande comment il tient. Il observe aussi les chants repris. *Marie-Dominique*, bien entendu. *Opium*, cela va sans dire. Comment connaît-il tout cela ?

Dans son bureau du Havre, le maire possède un carnet de chants des troupes de marine, doublé d'un lexique pour comprendre le sens des expressions *gorette*, *à dache*, ou *bite-à-cul*. Il entonne *Opium* : « Dans le port de Saigon, il est une jonque chinoiiiise… » Cela me remémore une scène à Matignon : sans qu'il le sache, nous étions dans le bureau mitoyen du sien avec mon confrère Louis de Raguenel, quand nous l'avons entendu entonner avec une partie de son cabinet des chants miloufs.

En ce mois d'août 2019, le Premier ministre s'est arrangé pour avoir un déplacement dans la région le vendredi 30 au matin. Le soir, il dort chez des copains au bord de la mer. Le lendemain, Philippe se rend donc à Fréjus pour assister en tant que Premier ministre, une première depuis Pierre Messmer, aux cérémonies de Bazeilles. « J'étais comme un dingue », s'excite-t-il en y repensant. Une fois dans les arènes, il entame son discours, ton de circonstance :

« Officiers,

Sous-officiers,

Caporaux-chefs,

Caporaux, marsouins, bigors et sapeurs de marine, dignes héritiers de la Division bleue,

C'était la dernière cartouche. Et, avec elle, le dernier espoir qui partait en fumée. Bazeilles était en flammes, comme un brasier sinistre. Mais cette dernière cartouche allait marquer l'histoire. Car la victoire venait de faire défaut aux héros de Bazeilles. Mais pas l'honneur, ni la bravoure. »

Le Premier ministre rappelle ensuite le déroulé de cette bataille mythique de la guerre franco-prusse de 1870. Un siège dans une auberge. Des Allemands bien plus nombreux au fil des heures, et le panache qui sonne le mot de la fin.

À Fréjus, le soir venu, la camaraderie tient chaud et donne soif. Certains conseillers baillent, mais Philippe se ressert en bière et repart sur le chant. « Ça s'est terminé tard et on a bien picolé ! J'ai été très frappé, non pas surpris mais frappé, par la tenue des gars. Je peux vous dire qu'on a une armée bien dans ses rangers. Il n'y en a pas un qui ne m'a pas demandé, avant de prendre une photo. Pas un. Aucune photo volée, rien n'est sorti. » Il met les gars à l'aise : étant donné qu'il est lieutenant-colonel de réserve, si certains ont du mal à l'appeler « Monsieur le Premier ministre », ils peuvent lui donner du « mon colonel ». Dans l'armée, on ne rigole pas avec les crédits : le général du 21e RIMA s'inquiète plusieurs fois dans la soirée que le Premier ministre parte sans régler les deux fûts consommés, qu'il a promis d'offrir. « Ça vous donne une idée de la cote que les politiques peuvent avoir ! », se marre-t-il.

Un an plus tôt, il avait fait Camerone, les mots des discours n'étaient pas les mêmes, mais la chair de poule offerte par les récits, comparable. Le 30 avril 1863, soixante-cinq soldats de la Légion étrangère se voient assiégés, au Mexique, par 1 200 fantassins et 800 cavaliers. Reclus dans leur hacienda, ils tiennent près d'une journée avant que les cinq derniers vaillants d'entre eux tentent une ultime charge symbolique, baïonnette au canon. La Légion étrangère célèbre l'esprit de Camerone chaque année dans son fief d'Aubagne. À l'issue de l'édition 2018 de la cérémonie, environ deux cents personnes sont conviées dans le jardin du Père Légion, surnom que l'on donne au général commandant la Légion étrangère. Des officiers, des civils, mais aussi de simples légionnaires assistent à ce cocktail. Édouard Philippe a tenu à faire venir sa femme. Il fallait qu'Édith voit ça.

Le couple arrive, le Père Légion donne rapidement la parole au Premier ministre, qui n'a rien préparé, le discours formel ayant déjà été prononcé lors de la cérémonie officielle. Édith se fond dans la foule. Il se lance : « J'aime presque autant la Légion que les troupes de marine. La Légion m'a beaucoup aidé. D'abord parce que j'apprends la boxe avec un légionnaire (Masto le tatoué). Mais si je dois encore plus à la Légion, c'est que j'ai endormi tous mes enfants grâce à elle. En effet, quand j'avais du mal à les coucher je leur chantais *Eugénie*…

Un silence s'installe à l'issue de l'intervention, que rompt le Père Légion d'un alerte « Garde à vous ». Puis le général entonne, suivi par deux cents gus :

« Eugénie les larmes aux yeux
Nous venons te dire adieu
Nous partons de bon matin
Par un ciel des plus sereins

Nous partons pour le Mexique
Nous partons la voile au vent
Adieu donc belle Eugénie
Nous reviendrons dans un an… »

« C'était un truc hyper émouvant. D'autant que je pense que, dans toute cette assemblée je n'étais pas le seul à avoir dépassé les angoisses qu'un enfant peut ressentir, avec ce chant. »

Édouard Philippe a fait son service militaire dans l'artillerie. À Matignon, il s'organise une discrète incursion dans l'univers des canons. Quand il arrive de nuit, en hélicoptère, par vol tactique, au camp de Canjuers, son cœur bat la mesure. Car ici s'étend sur 35 000 hectares d'un haut plateau du Var le plus grand terrain de tir militaire d'Europe. L'appareil se pose, les pales se taisent : avant d'envoyer du mortier le lendemain, apéro avec les officiers. Il a consigné chaque séquence dans un des albums photos conceptualisés pour lui à son départ de Matignon. On y suit tout le périple : son visage en clair-obscur dans l'hélico, l'arrivée, son lit de camp agrémenté d'un duvet sous une tente, ainsi que le déroulé de la journée du lendemain.

On le voit en tenue de sport, prêt à défier les lieutenants de la promotion venus en entraînement. Il en revient en nage pour assister au lever des couleurs. Il se douche, se rhabille, puis vient l'heure de partir tirer au canon en profitant des vues varoises et des hardes de sangliers croisées. Le Premier ministre maîtrise le maniement du TRF1 155. « Vous n'avez pas idée du nombre de fois dans ma vie où j'ai tiré avec. » Il précise qu'étant donné son poids, il s'agit d'un canon presque impossible à parachuter. Sauf pour le régiment d'artillerie parachutiste de Tarbes. Il explique également le principe de l'officier observateur, positionné entre le canon et sa cible, et le concept du tir d'efficacité :

une salve de quatre fois huit obus. « Quand vous prenez un tir d'efficacité, je peux vous dire que vous ch... dans votre froc. »

Le Premier ministre retourne dans l'hélicoptère, procède à d'autres manœuvres sur le champ de tir. Rentre au camp de base, assiste à une prise d'armes et prononce un petit discours devant les soldats et leurs officiers supérieurs. On lui remet le calot de la promotion. Présent ce jour-là, le CEMAT, chef d'état-major de l'armée de terre, le général Thierry Burkhard : il est le favori, selon Édouard Philippe, pour succéder au général Lecointre, le chef d'état-major de toutes les armées. Bien vu : le voilà nommé en juin 2021.

Édouard adore l'armée. C'est comme ça. « Avec lui, on ne plaisante pas avec les trucs importants, prévient Charles Hufnagel. Je n'ai pas fait mon service, et il trouve ça nul. Pour lui, c'est un vrai problème. »

S'il suffisait d'avoir fait son service, cela irait encore. Mais un politique, même sensible au kaki, peut ne pas trouver le ton face aux militaires. Un ministre nommé depuis deux mois à la Défense, qui déboule en Afghanistan alors qu'il occupait le portefeuille du Tourisme ou de la Fonction publique deux mois plus tôt échappe difficilement à leurs yeux au statut d'opportuniste.

« C'est sûr que vous courrez toujours le risque de ressembler à Hervé Morin, grince Édouard Philippe. Il ne savait pas se tenir droit, se mettre au garde-à-vous, s'arrêter de bouger. Il a affiché une désinvolture et un mépris pour les militaires, qui ne leur a pas échappé.

Moi je sais me tenir. Je sais leur parler. Assez vite, ils voient que j'aime ça. Que je sais faire la différence entre ce que fait un biffin et ce que fait un artilleur. Ils apprécient qu'on connaisse leurs régiments. Le 93e régiment d'artillerie ? "Ah ! À Vars ! " Mais c'est un métier, dans sa technicité, dans son rythme, qui est très méconnu de la population. Aujourd'hui, tous les régiments tournent. Avant, certains servaient juste au service militaire, et n'avaient jamais entendu un coup de feu.»

J'ai toujours été un peu déçu que François Fillon ou Henri de Castries soient contre le rétablissement du service militaire. Ils considèrent que ce n'est pas à l'armée de compenser les défaillances de l'Éducation nationale ou de la politique de la ville. «Il n'y a que les gens qui ne connaissent pas l'armée d'aujourd'hui qui sont pour le service militaire, renchérit Philippe. Si vous voulez une armée avec un haut niveau de projection et de mobilité, il vous faut une armée de professionnels. Après, on peut se poser la question de savoir s'il faut une réserve civile, armée.»

Au début du quinquennat, le Premier ministre tord un peu le nez quand le secrétaire d'État Gabriel Attal et Emmanuel Macron souhaitent mettre en place le Service national universel. Matignon a tendance à regarder ça comme une usine à gaz coûteuse, à l'utilité incertaine et au régime juridique casse-gueule. Il ne faut pas tout mélanger.

Édouard Philippe aime l'armée, mais trouve dispendieuse et non adaptée la construction d'un nouveau porte-avions nucléaire. Il aime les officiers, mais n'a pas versé de larmes au limogeage du général Pierre de Villiers dont il considère, comme Emmanuel Macron, qu'il aurait mieux valu qu'il commence sa relation avec eux en parlant d'opérations extérieures, de stratégie et de coopération plutôt qu'en exprimant sa colère budgétaire.

Philippe aime l'armée parce qu'il aime l'histoire. Lors de l'une de ses premières sorties publiques, après avoir quitté Matignon, il honore l'invitation des organisateurs des Rendez-vous de l'histoire, à Blois. Un festival pointu en partenariat avec France Culture. C'est d'ailleurs un des journalistes de la radio qui l'interroge ce vendredi 9 octobre 2020. Il pose des questions savantes devant une salle dégarnie par le Covid et une date en semaine. Philippe, lui, agite nerveusement sa longue jambe gauche. Parce qu'il vit sa nouvelle vie.

« Je confesse une fascination, et non pas une obsession, pour l'histoire militaire. Parce que je ne crois pas qu'on puisse véritablement réfléchir à ce qu'est l'État, et d'une certaine façon à ce qu'est l'histoire, sans intégrer une appréhension de ce qu'est la guerre. Non pas que j'apprécie ça. Je déteste ça, même. Mais quand même parce que cette affaire est un petit peu structurante. Ou déstructurante. L'histoire des hommes est souvent l'histoire des guerres des hommes. Et donc dans les personnages d'hommes d'État dont je m'inspire, ceux qui ne se réduisent pas à la chose militaire, mais l'intègrent complètement – qu'ils soient militaires ou civils d'ailleurs –, et ils ont probablement un pouvoir de fascination sur moi… »

De ses voyages, Édouard Philippe retient la taille des rayonnages consacrés à l'histoire militaire, dans les librairies. Importante dans les pays anglo-saxons. Étriquée chez nous. Il s'est nourri de ces ouvrages, comme il s'est nourri de *Mythologie grecque et romaine* de Pierre Commelin, et des récits de conquêtes militaires : « Alexandre le Grand, c'est un amour d'enfance qui ne m'a pas quitté, prévient-il ce jour-là à Blois. Je suis fasciné, c'est une constante chez moi, par le conquérant qui construit. Le conquérant qui essaie de synthétiser. Je retrouve, chez Alexandre, sa volonté d'aller vers l'Orient, de se différencier de ce dont il vient. »

En partant de Blois, où mon grand-père a longtemps vécu, je me rends à Tours, où il vit désormais. En quelques semaines, suite à une chute, sa santé mentale s'est dégradée subitement. La nuit, il prépare ses valises. Le jour, il fait subir à sa femme des moments de délires. Il reformule des conférences sur ses exploits militaires. Il était colonel, elle doit être son aide de camp. Le public imaginaire, lui assure-t-il, demeure conquis.

Je le retrouve allongé, dans son appartement jouxtant la Loire, sur un lit médicalisé. Il pense pouvoir immédiatement profiter de ma présence pour lever le camp. « Grand-père, discutons avant ! » Je m'allonge sur le lit qui fait face au sien et l'écoute. Mêlant détails réalistes et pures inventions, il narre des vols, au Tchad, au-dessus du Sahara. « Nous partions au coucher du soleil. À basse altitude. C'étaient des moments merveilleux.

Comme j'étais officier, mes gars me laissaient de temps en temps prendre le manche… »

Je lui rapporte d'où je viens. « Ah oui… Édouard Philippe… C'est un gars bien, qui sait regarder son interlocuteur dans les yeux. Il a du cran. Mais il n'a pas encore percé. » Deux ans plus tôt, le Premier ministre l'a invité à retourner sur le sol de Diên Biên Phu, où il a été parachuté deux fois, s'est battu puis a été fait prisonnier, et déporté. Laissant au Tonkin une partie de sa conscience d'adulte.

Diên Biên Phu

Mon grand-père maternel avait commencé à écrire ses Mémoires, avant de la perdre. Aucune maison d'édition n'a encore publié ce texte riche, bien écrit, et à bien des égards plus nécessaire que celui-ci.

Il s'appelle Jacques Allaire. Mais puisque dans l'armée la qualité vous nomme, il est plus connu dans ce milieu sous la désignation de son dernier grade, celui de colonel Allaire.

En ce début de novembre 2018, j'apprends par surprise son voyage au Viêtnam dans la valise du Premier ministre français. Je n'en prends conscience qu'une fois la délégation en Asie. La veille du décollage, je croise pourtant Édouard Philippe à Matignon après un rendez-vous. Il m'indique venir de s'entretenir au téléphone avec un sous-officier survivant de Diên Biên Phu, qu'il embarque dans son avion. Je n'ose pas faire la publicité de mon aïeul. Heureusement, le service aux armées, chargé de trouver des survivants de l'Indochine, aura eu la prescience nécessaire en l'identifiant.

J'en suis satisfait pour mon grand-père, car les anciens combattants sont des blessés affectifs. Ils acceptent plus facilement le souvenir d'une défaite que le manque de reconnaissance du présent. « Ceux qui ont gagné une guerre, on les oublie assez vite, regrette Édouard Philippe. Et ceux qui ont perdu la guerre, personne n'est tendre avec eux... Je ne dis pas qu'ils sont mal traités. Mais vous voyez bien que la place, dans l'imaginaire national, des Français qui sont allés se battre en Indochine, elle n'est pas dingue. » Il a raison : quand ces soldats partaient ou revenaient du champ d'honneur, les cégétistes de Marseille et les gauchistes ingrats les attendaient avec des fruits pourris, des insultes, et il paraît même quelques crachats. Cela n'augurait rien de bon pour la place que les livres d'histoire de l'Éducation nationale leur consacrerait.

Mon grand-père aime les honneurs, le protocole, la hiérarchie et le drapeau. Il a besoin de parler de lui. Sa femme, ma mère, et bien d'autres, en ont souffert. Parce qu'il est très cabot, je l'imagine sans peine lors de ce voyage officiel faire du charme aux hôtesses et bonne impression à la troupe. Il éprouve cependant l'aide de camp chargé par Matignon de l'accompagner. Au pavillon d'honneur d'Orly, avant d'embarquer, il se montre cassant envers l'autre ancien combattant invité, ce sous-officier de quatre-vingt-cinq ans qui tente de jouer la proximité avec le colonel nonagénaire : « Depuis quand se tutoie-t-on mon caporal ? »

Partisan à l'époque d'une Algérie française, pieux, raide, mon grand-père sait aussi faire montre d'ouverture. Il déroute. Dans ses Mémoires, il a mis en exergue cette admirable citation, pour patriote nomade, de l'écrivain allemand Rainer Maria Rilke : *Nous naissons, pour ainsi dire, provisoirement, quelque part ; c'est peu à peu que nous composons en nous le lieu de notre origine, pour y naître après coup, et chaque jour plus définitivement.*

Son père, préparateur en pharmacie, fut arraché de son métier pour devenir brancardier durant la Grande Guerre. Il en revint traumatisé et alcoolique. En 1929, après avoir déposé Jacques Allaire à Berck-Plage dans un institut de l'Assistance publique pour enfants malades, sa mère trouve le domicile conjugal vide en rentrant à Paris. Mon arrière-grand-père ne réapparaîtra jamais.

Mon grand-père, lui, contracte enfant une poliomyélite. Si cette maladie le dote, pour le restant de sa vie, d'une démarche de boiteux, elle ne l'empêchera pas de crapahuter des centaines de kilomètres au Viêtnam ou en Algérie avec son barda sur le dos. « Personne n'a jamais dû porter mon sac », répète-t-il depuis.

Quand la Seconde Guerre mondiale commence, le bruit de bottes sur les pavés de Paris taraude l'estomac de Jacques Allaire. Il s'exile en 1941 dans le Maine-et-Loire pour essayer de trouver une place dans une ferme des environs. Se rend dans une foire aux valets : *Propre et étrillé comme il se doit, je trouvai preneur, après que mon futur patron m'eût jaugé, pesé, soupesé, tel un emboucheur de bovins. Nous convînmes du montant de mes gages et du reste*. En 1943, la guerre se poursuit et sur les conseils des gendarmes, mon grand-père change régulièrement de ferme pour échapper aux réquisitions du travail obligatoire en Allemagne. Depuis la Sarthe, il ne fait que suivre les exploits des résistants organisés en réseaux. Le garçon de ferme doit se contenter de saboter çà et là, résistant à la petite semaine, comme cette fois où il vide la cabane à outils d'Allemands travaillant à la construction d'un aérodrome.

Je le confesse piteusement : je n'avais pas lu les Mémoires dactylographiés de mon grand-père avant d'écrire ce livre sur Édouard Philippe. Je ne m'étais pas intéressé d'aussi près à son destin militaire avant d'avoir des conversations sur l'armée avec l'ancien Premier ministre. Enfant, je l'écoutais d'un air distrait. Adolescent, lassé.

Le 27 septembre 2020, déjà investi dans mon projet, je reçois sur WhatsApp, de la part de Charles Villeneuve, une incroyable vidéo. Je la transfère immédiatement à ma famille et à Édouard. Il s'agit de l'extrait d'un documentaire sur la bataille d'Alger. Trois ans après avoir combattu à Diên Biên Phu, l'histoire roulant à pleine vitesse envoie mon grand-père sur le champ de braises d'une Algérie encore nôtre. Comme lieutenant de l'armée française, il a notamment pour mission d'arrêter les terroristes du FLN, ainsi que leurs têtes pensantes. Accompagnant de vieilles images d'archives en noir et blanc, où l'on voit des soldats français perquisitionner des maisons de rebelles, une voix *off* crachoteuse et nasillarde expose la situation avec l'entrain typique des vieux journaux télévisés : « Le grand tableau représentant l'organigramme du FLN à Alger peu à peu se remplit », entend-on. « Les réseaux sont cassés, les caches sont découvertes. À la mi-février, le lieutenant Allaire tient une piste. »

Intervient alors dans le documentaire mon grand-père, en couleurs, invité à commenter ces archives bien des années plus tard. Il explique comment il tombe, le 25 février 1957, sur la planque de Larbi Ben M'hidi, l'un des fondateurs du FLN, qui a depuis donné son nom à tant de rues en Algérie. L'officier français en retraite décrit son stratagème de l'époque : il attend patiemment que le facteur arrive et que la concierge doive apporter son courrier à Ben M'hidi pour ne pas éveiller ses soupçons.

Arrêté, le chef de la rébellion algérienne se voit conduit au PC du colonel Bigeard, sous les ordres duquel sert le lieutenant Allaire. À l'écran, mon grand-père raconte la suite, la voix ébranlée par son propre souvenir : « Si je reviens à l'impression que m'a faite Ben M'hidi à l'époque où je l'ai capturé, et toutes les nuits où nous avons parlé ensemble, je dirais que j'aurais aimé avoir un patron comme ça de mon côté. J'aurais aimé avoir beaucoup d'hommes de cette valeur, de cette dimension. Parce que c'était un seigneur, Ben M'hidi. Impressionnant de calme, de sérénité, et de conviction. Je discutais avec lui, je lui disais : "Vous êtes le chef de la rébellion, vous voilà maintenant entre nos mains. La bataille d'Alger est perdue." J'extrapolais même un peu : "La guerre d'Algérie, vous l'avez perdue." "Ne croyez pas ça, me répondait-il, me rappelant les paroles du *Chant des partisans* : "Un autre prendra ma place." Il me disait ceci d'une manière sereine, pas ostentatoire. C'était un homme calme. Je ne peux même pas dire qu'il était inquiet. Il avait déjà compris que la page était tournée pour lui. »

Allaire discute ensuite avec Bigeard : Ben M'hidi semble un poisson trop gros pour eux. Ils décident de le livrer à l'échelon supérieur de l'armée française. La division du général Massu.

« Ben M'hidi, ça m'a fait de la peine de le perdre, poursuit l'ancien combattant Allaire dans le documentaire. Parce que je savais qu'on ne le reverrait plus. Je l'ai remis à l'état-major. Ils sont venus le chercher de nuit. Et, bien que le règlement s'y oppose, je lui ai fait présenter les armes par mon détachement de soldats. Il faut savoir reconnaître à ses adversaires la valeur et le courage. Et Ben M'hidi était pour moi un grand monsieur. D'ailleurs, son prénom, dans la résistance algérienne, était Hakim. Ce qui veut dire "le preux". »

S'il faut un mot pour résumer l'esprit qui se dégage de cet extrait, je reprendrais volontiers celui qu'a employé Édouard Philippe dans son message après l'avoir visionné : « le panache ».

Plus tôt avant l'Algérie, Jacques Allaire s'était tenu éloigné des joies mauvaises de l'épuration quand il servait dans les FFI : *Hors les murs de la caserne, la fête battait son plein. C'était en tout cas celle de certaines femmes que des bandes joyeuses et armées promenaient en un triomphe minuscule, dont l'humiliation retombait sur les vainqueurs du jour autant que sur les vaincues.* Allaire, comme Philippe, revendique abhorrer les lynchages et la justice de foule.

Après avoir été affecté en février 1945 au 9e Zouaves, qui s'apprête à partir pour la Syrie, mon grand-père passe sa première visite médicale à Paris, dans les murs de la caserne Dupleix. « Inapte ». Déjà soldat depuis plusieurs mois, le voilà pourtant rattrapé par sa polio. Il s'entête, parvient à obtenir une contre-visite et le tampon d'un médecin militaire plus bienveillant. En août 1945, il arrive à Fréjus pour intégrer un des bataillons – ce sera les transmissions – du corps expéditionnaire français en Extrême-Orient. L'Indochine se rapproche, sans que l'on distingue encore, au loin, le naufrage de Diên Biên Phu.

Son unité quitte Marseille et la France pour Saigon le 12 octobre 1945. Le bateau, un paquebot de moyen tonnage, s'appelle *L'Orontès*. Armé par la monarchie britannique, commandé par un Écossais, il traverse la mer Rouge avec les troupes françaises à son bord. Durant le périple, Jacques exerce ses talents de chansonnier, cultivés pendant l'Occupation lors de veillées dans les fermes de la Sarthe. Il découvre aussi la magie du rayon vert en mer au coucher du soleil, et s'appuie sur une citation de l'écrivain et officier de marine Claude Farrère pour en décrire l'amorce : *Quand le disque rouge descend sur l'horizon, c'est comme si tout le ciel occidental prenait feu.*

Terminus. L'Indochine se dessine là, envoûtante. Elle ne tardera pas à le prendre dans ses rets. Il entrevoit les flèches de la cathédrale de Saigon, qui apparaissent et s'effacent avec la houle. À terre, l'aspiration nationaliste d'un peuple et un processus de décolonisation latent attendent. Déjà, dans le nord du pays, au Tonkin, le communiste Hô Chi Minh se déploie autour d'Hanoï. Une partie du corps expéditionnaire français s'y bat. Dans un an, ce sera la vraie guerre. Mais en ce mois de novembre 1945, les militaires français débarquent dans un pays insondable. « Les Vietnamiens nous montraient pour la première fois le visage impassible de l'Asie. Craignant de redevenir bientôt les plus faibles, ils étaient les plus silencieux. » Un mois après l'arrivée de *L'Orontès*, on retrouve le corps de l'un de ses camarades affreusement mutilé à Chi Hoa, dans la banlieue nord de Saigon.

Jacques Allaire s'ennuie et veut connaître le front. Il s'en ouvre à son capitaine, qui lui propose de monter une troupe de théâtre aux armées. Il ira divertir ceux qui se battent là-haut. Le soldat s'en trouve vexé. Certes, sur *L'Orontès*, reprenant des airs connus sur lesquels il plaquait des paroles de circonstance, il parvenait à égayer le gros millier de passagers. Mais il n'est pas venu en Indochine pour faire carrière dans le radio-crochet.

Les ordres sont les ordres : sa vie de saltimbanque en uniforme débute en mai 1946. *Chaque soir, dans un poste différent, sur des scènes improvisées, parfois sur la plate-forme d'un camion, éclairés souvent par les phares d'une Jeep, sans micro bien sûr, nous nous essayons à distraire dans des postes isolés, perdus dans la rizière ou la brousse, des hommes qui n'ont de liaison avec le monde extérieur que par le courrier qu'ils reçoivent plus ou moins régulièrement.*

Le nomadisme, l'hygiène sommaire, l'eau trouble qu'on ne fait pas toujours bouillir et le paludisme à répétition ont raison de sa santé. En décembre 1946, pesant moins de 50 kilos et atteint de dysenterie, le voilà rapatrié sanitaire. Le jour de Noël 1946, il franchit, non sans remords, la coupée du *S.S. Maréchal Joffre* en partance pour Marseille. Au nord, Hanoï vient de s'embraser. Alors que le bateau largue ses amarres, sur le quai, une musique militaire joue *La Marche de la 9ᵉ division d'infanterie coloniale*. Un air de « marsouins » consigné dans le petit carnet de chants qu'Édouard Philippe possède dans son bureau du Havre :

« Nous rentrerons tous en France
Retrouver nos parents, nos amours,
C'est notre chère espérance
Te revoir, te revoir un beau jour… »

Allaire profite de son retour au pays pour passer son brevet de parachutiste. Il repart en Indochine dès le mois de septembre 1947. Le 14 février 1948, lors d'une opération ratée pour capturer un général viêt-minh, les catastrophes s'enchaînent. Dont celle-ci : « Après une chute libre de 200 mètres, sept parachutistes s'écrasent au sol parachutes fermés. On a dit que certains d'entre eux auraient essayé de sortir la voilure avec leurs mains pendant la descente. » Allaire, dans cette guerre bizarre et cette curieuse période de l'histoire, tombe amoureux des villages du Cambodge, de l'Anam, de la Cochinchine et du Laos. Il magnifie ce pays et ses habitants *au courage, physique et moral, qui, allié au calme enseigné par la philosophie bouddhiste, rend ce peuple transcendant*.

Parti pour intégrer un bataillon ordinaire, voilà Jacques Allaire muté *in fine* dans celui de Bigeard. Marcel Bigeard, dit « Bruno » en raison de son indicatif radio, demeure à ce jour le général français le plus décoré de l'armée française. Il n'a pas encore ses vingt-sept citations quand Allaire pénètre dans son antre saigonnais le 25 juillet 1953, mais il se trouve déjà auréolé du prestige de la retraite de Tu Lê. C'était l'année précédente, au Tonkin. Le 6e bataillon de parachutistes coloniaux du commandant Bigeard s'oppose aux divisions du redoutable, teigneux et manœuvrier général Giap. Un combat à dix contre un, qui aurait dû décimer les Français. Le repli réussi de Bigeard sera militairement considéré comme un coup de génie. L'officier fort en gueule se retrouve dans les pages de *Paris Match*. Bigeard devient une star.

Lors de son entretien d'embauche, bien que déjà charmé par cet homme qui face à lui *se déplace comme un chat, sans effort apparent*, mon grand-père lui exprime ses réticences à le rejoindre, et son mépris pour ses fans épris, les « Bigeard Boys ». *« C'est bon, Allaire, arrêtez de déconner, lui intime la légende. Je sais qui vous êtes. Un séjour comme caporal, un comme sous-officier, un troisième commencé au 5, ce n'est pas si banal. Même au 6, les troisièmes séjours se comptent sur les doigts d'une main. Je vous affecte à la 6e compagnie de parachutistes indochinois. Vous prendrez le commandement du commando Ferrari, le meilleur. Au revoir, à ce soir au mess. Tout est dit. »*

Le soir même, la recrue se fait remarquer lors du dîner d'intégration entre officiers, où il déclame un texte qu'il a écrit, intitulé *Lettre à mon fils*. Allaire y glorifie les valeurs de l'humilité et de la force collective, comme le portrait inversé du voyant et bruyant

Bigeard. « Être sérieux, c'est croire un peu en les autres et un peu moins en soi », scande notamment le sous-lieutenant. Il se rassoit. Les officiers se regardent, guettant la réaction du maître. Un temps. Puis Bigeard applaudit. Les autres peuvent suivre.

L'écrivain et historien militaire Erwan Bergot, témoin de la scène, écrit ceci dans sa biographie de Bigeard : *Allaire l'avait pris à contrepied. Inexplicablement, cela lui plut. C'était la première fois qu'un nouvel affecté ne manifestait pas d'enthousiasme à l'idée de venir servir sous ses ordres. Bigeard, qui avait toujours pensé que l'on ne pouvait être sévère qu'avec sévérité, grave qu'avec gravité, qu'il y avait un temps pour le sérieux et un temps pour le rire, et que la vérité ne souffrait pas la fantaisie, découvrait que l'on pouvait dire plaisamment des choses importantes. Son intuition lui permit de saisir aussitôt l'intérêt de cette découverte. Son pragmatisme lui montra tout ce qu'un Allaire pouvait lui apporter. De ce jour, il éprouva pour le sous-lieutenant une affection de grand frère qui ne se démentit jamais, une indulgence sans bornes et un immense respect. Car Allaire était, aussi, une conscience.*

À vrai dire, en pareilles circonstances, les consciencieux et les irréfléchis se voient logés à la même enseigne, celle du feu. Embuscades, missions de nuit à plat ventre dans les rizières, les mines disséminées partout, penser à baisser le son de la radio ; tel était le quotidien du soldat durant cette guerre d'Indochine. Les TRF1 155 maniés par Édouard Philippe n'existent pas encore : devenu lieutenant, Allaire dirige une section d'artillerie où l'on parachute des canons sans recul et des mortiers de 120.

Le 20 novembre 1953, dans le cadre de l'opération Castor, il saute pour la première fois sur Diên Biên Phu. Les paras tentent de reprendre aux Viets cette petite ville et la plaine jonchée de collines qui l'entoure. L'ennemi recule, l'armée française croit maîtriser la situation. Personne ne sait encore qu'elle s'apprête à livrer la bataille la plus longue, la plus furieuse et la plus meurtrière de l'après-Seconde Guerre mondiale. Cette acmé des guerres de décolonisation sera la dernière véritable bataille retranchée de notre histoire.

« Sur le plan militaire, ce n'était pas idiot, puisque l'objectif consistait à les amener là où on voulait mener la bataille, analyse Édouard Philippe. Le terrain paraissait plus propice à celui de la jungle, où le Viêt-minh opérait une guerre de harcèlement. Diên Biên Phu, ce fut une lutte avec un héroïsme évident, et une défaite. »

Après leur reculade de novembre, les troupes d'Hô Chi Minh s'organisent pendant de longues semaines dans la jungle environnante. À dos d'homme, sur des vélos, par des sentiers invisibles pour la surveillance aérienne française, le Viêt-minh se redéploie. *Le serpent se love autour de sa proie*, écrit Allaire dans ses Mémoires.

Le 13 mars 1954, en milieu d'après-midi, c'est l'attaque. Irréfrénable. L'artillerie viet, démesurément plus puissante que prévu, pilonne, décime. Puis une vague humaine, portée par la foi en sa civilisation, s'abat sur les Français. Le 16 mars, Jacques Allaire se voit parachuté pour la seconde fois sur ce terrain qu'on surnomme déjà

« la Cuvette ». Son carnet jauni mentionne un saut « à ouverture automatique ». Un mois et demi d'atroces combats plus tard, la France capitule à Diên Biên Phu.

En lecteur revendiqué d'Hélie de Saint-Marc, un des mémorialistes les plus poignants d'Indochine, Édouard Philippe rappelle que le plus important, dans une guerre, c'est le panache. « Et du panache, dit-il, à Diên Biên Phu, il y en a eu beaucoup. »

Le 2 novembre 2018, il est prévu que le Premier ministre français atterrisse sur le tarmac de l'aéroport Noi Bai d'Hanoï. Plusieurs semaines en amont, son chef de cabinet adjoint, Mohamed Hamrouni, et une délégation d'officiels effectuent la reconnaissance. Pour la partie diplomatique et économique, rien que du très classique. La partie commémoration s'annonce plus délicate. Il faudra visiter la maison d'Hô Chi Minh, les Vietnamiens en font un marqueur de confiance. Mais surtout, vingt-cinq ans après François Mitterrand, Édouard Philippe décide d'être le deuxième dirigeant français à se rendre à Diên Biên Phu.

« C'est clairement la partie la plus sensible », se confie à lui-même Mohamed Hamrouni en serrant la main du gouverneur de la région. Les Vietnamiens ne perdent pas de temps et l'emmènent au musée de leur victoire, le lieu des trésors de notre défaite : écussons de régiments anéantis, tenues de militaires battus. Au dîner, les Vietnamiens font comprendre aux Français qu'ils seraient honorés d'être suivis dans leurs descentes d'alcool de riz. Il ne faut pas le dire deux fois à Mohamed Hamrouni et ses amis. Les shots s'enchaînent. Les Français ne bougent pas. « Mêmes les Russes n'ont pas été aussi loin… », concèdent, écœurés, les Vietnamiens à la fin.

Nuit du 1er au 2 novembre 2018. Dans l'Airbus A340 bleu blanc rouge d'Édouard Philippe en partance pour le Viêtnam, on retrouve les ministres Gérald Darmanin, Agnès Buzyn et une quarantaine de personnalités. Parmi elles, Henri de Castries. Son grand-oncle, Christian de La Croix de Castries, a pris le commandement du camp de Diên Biên Phu en décembre 1953 et résisté pendant les cinquante-sept jours de la bataille finale de 1954. Entré colonel dans la Cuvette, il en sortira général.

À l'avant de l'appareil, Henri salue Darmanin, qu'il a croisé durant la campagne Fillon. Il retrouve également Emmanuel Lenain, un diplomate rencontré autrefois à Shanghai. Actuellement ambassadeur de France à New Delhi, Lenain officie à l'époque comme conseiller diplo de Matignon. Il est issu de la promotion Marc-Bloch de l'ENA. Dans l'avion, il croise bien sûr le général Durieux, chef du cabinet militaire du Premier ministre. Henri salue mon grand-père. Édouard Philippe prend le temps, aussi. « Lui et Schilardi sont de vieux messieurs, le voyage s'annonce fatigant, et on ne veut pas faire ça par-dessus la jambe. Ils ont sauté sur Diên Biên Phu, croyant y passer. Et soixante ans après, ils reviennent avec le Premier ministre de la France dans un avion incroyable. Ils ne savent pas très bien pourquoi. Donc il faut bien les traiter. »

La délégation s'installe à l'hôtel Métropole d'Hanoï. Celui que les correspondants de la presse et les officiers supérieurs ont choisi comme QG durant la guerre. Comme convenu lors de la reconnaissance de Mohamed Hamrouni, Édouard Philippe se rend dans la maison d'Hô Chi Minh. Il pousse le fair-play assez loin à l'égard de l'ancien dictateur communiste en signant le livre d'or : « L'austérité sereine du bureau d'Hô Chi Minh montre combien le travail et le calme, la détermination et la constance servent les projets des États. » Tollé en France. Écœurement à droite. Bruno Retailleau se demande publiquement si la prochaine étape consisterait à aller saluer la mémoire de Pol Pot au Cambodge. « Constance et détermination, en effet… dans la torture et l'internement dans des camps de si nombreux soldats français, cingle Marine Le Pen. Normalement, quand on est le Premier ministre français, on ne s'en réjouit pas. L'indécence de cette dédicace est juste inouïe. »

Dans un texte publié sur le site de *Valeurs actuelles*, Jacques Allaire livre alors ses impressions. *On ne m'a pas proposé de participer à cette visite. J'aurais refusé d'y aller si cela avait été le cas. Hô Chi Minh a été un révolutionnaire et je n'aurais sans doute pas écrit ce que le Premier ministre a laissé comme dédicace sur le livre d'or. Mais Hô Chi Minh a été un chef d'État, menant la guerre pour libérer son pays. La guerre est finie. La grandeur d'une civilisation se mesure aussi à l'aune de ceux qui savent pardonner.* La mansuétude d'Allaire à l'égard de ses anciens ennemis demeure toutefois conditionnelle : *Je ne serais pas retourné en Algérie, même si un Premier ministre me l'avait proposé. Là-bas, nos tombes ont été profanées. En Indochine, pas une tombe de soldat français n'a été souillée.*

Le 3 novembre 2018, à 11 h 10, laissant le reste de la délégation à Hanoï, l'avion transportant Édouard Philippe décolle pour Diên Biên Phu. Henri de Castries fait partie de la poignée de conviés. Il prend avec son iPhone des photos de mon grand-père, qu'il m'enverra plus tard. Le Premier ministre fleurit le mémorial vietnamien en présence d'officiels locaux. Il visite ensuite le bunker souterrain du grand-oncle d'Henri, où Christian de Castries dirigea les opérations avant la reddition.

Aucun Vietnamien ne daigne accompagner le Premier ministre et sa suite au mémorial français. Édouard Philippe a demandé au général Durieux de revêtir son uniforme, et à deux saint-cyriens de déposer une gerbe en grande tenue, coiffés de leurs casoars. Il fait beau. Pas trop chaud. Au fond, un coq chante. Le colonel Allaire demande à prendre la parole. Son béret rouge de parachutiste sur la tête, médailles à la poitrine, il conclut : « J'ai eu la chance de survivre. Je n'ai pas à m'en enorgueillir. Simplement à remercier mes soldats, mes subordonnés, mes chefs, mes camarades qui m'ont aidé à tenir jusqu'au bout. Pourquoi je suis là aujourd'hui, je me le demande… Au nom de mes camarades, je vous remercie, monsieur le Premier ministre. Car ils sont rares, les hommes politiques, à être venus à Diên Biên Phu. »

Plus de 2000 Français sont morts à Diên Biên Phu. Une fois la bataille perdue, mon grand-père a été fait, comme 11000 autres soldats, prisonnier. Il se rend, ce 7 mai 1954, face aux baïonnettes ennemies, sans lever les mains. Il y tient. Le voilà désormais déporté. Avec sa patte folle et son cœur blessé d'officier, il lui faut rejoindre, 700 kilomètres plus loin, le camp numéro 1. «Nous avons marché 50 à 60 kilomètres chaque nuit, avec une boule de riz à manger par jour, pendant un mois et demi, en pleine saison des pluies. Beaucoup sont morts de malnutrition. C'était marche ou crève. Je priais en marchant, marchais en priant et voyais ma femme et mes filles au bout de la piste.»

«Votre grand-père est touchant, m'adresse Édouard Philippe. Quand il vous raconte ses batailles, il arrive avec beaucoup de distance, avant, parfois, de se retrouver littéralement happé. Il parle, décolle, s'arrête, pleure, repart. C'est fascinant, émouvant, et extrêmement digne. Je n'ai vu ça que chez les déportés.»

Vers la mi-juin 1954, après avoir déploré la mort de nombre de ses camarades, incapables de poursuivre le chemin, Allaire arrive au camp numéro 1, réservé aux officiers et sous-officiers. Ils sont une vingtaine à dormir dans une cabane de bambou aux portes de la jungle, non loin de la frontière chinoise. Surveillés par une famille vietnamienne et les commissaires politiques, ils dorment à même le sol. Le repas : une boulette de riz le matin, une autre le soir. Le reste du temps, des cours sur les «bienfaits du communisme». Pour dédramatiser sa déportation, mon grand-père, quand nous étions enfants, imitait en forçant l'accent de son gardien lui réclamant de tuer cent mouches par jour. En réalité, rien n'était drôle : sur les 11000 prisonniers français, 8000 sont morts.

Les accords de Genève signés au mois de juillet débouchent sur la fin de la guerre. Jacques Allaire et les autres survivants peuvent revenir, libres.

Pour tirer une des leçons de la décolonisation, le colonel Allaire cite dans ses Mémoires inachevés une dédicace de l'écrivain Pierre Loti à Paul Doumer, quand ce dernier occupait le poste de gouverneur militaire de l'Indochine : *Je ne crois pas à l'avenir de nos trop lointaines conquêtes coloniales. Et je pleure de tant de milliers et de milliers de braves petits soldats qu'avant notre arrivée, nous avons couché dans ces cimetières asiatiques, alors que nous aurions pu si bien épargner leurs vies précieuses, ne les risquer que pour les suprêmes défenses de notre cher sol français.*

Mon grand-père a malheureusement arrêté d'écrire. Une partie de son cerveau ayant pris le maquis depuis, son récit demeure en suspension. Plus précisément, ce texte de 413 pages se coupe, net, sur une scène impliquant l'abbé Trinquand, aumônier de la 13e DBLE à Diên Biên Phu. Ce prêtre vit alors, le 13 avril 1954, une journée éprouvante. Il accompagne un artilleur colonial, au milieu des bombes sèches et sifflantes, qui souhaite absolument voir la dépouille d'un lieutenant tué cher à son cœur. L'aumônier murmure un poème de Charles Péguy, mort, lui, le 5 septembre 1914, au début de la Première Guerre mondiale :

« Heureux ceux qui sont morts dans les grandes batailles
Couchés dessus le sol à la face de Dieu. »

Nous savons comment Diên Biên Phu s'est conclu pour l'auteur, malgré l'inachèvement de ses Mémoires. Nous sommes le 7 mai 1954. Depuis plusieurs jours, l'artillerie viet fait tomber les collines une à une. L'armée française a décidé de les baptiser de prénoms féminins. Gabrielle, Béatrice, Dominique.

Le lieutenant Allaire se trouve isolé sur Éliane 2 le jour de la défaite, ses mortiers muets. Il lui reste à peine quinze hommes. Les autres compagnies ne répondent plus. Il pleut. On ne voit rien. Le silence qui ondule, passé ce mois et demi de bruit, suinte d'inhumanité. La liaison radio est quasi impossible depuis le matin. À 17 heures, mon grand-père parvient enfin à joindre son patron du 6e bataillon de parachutistes coloniaux, le lieutenant-colonel Bigeard.

« Bruno, c'est Allaire au bigo. Je tente une percée ou j'annule ?

— Allaire, c'est foutu. Cessez le feu à 17 h 30. »

Le lieutenant ne peut y croire. Ou s'y résoudre. Il veut un ordre écrit. Il envoie l'un de ses gars de l'autre côté de la rivière, dans la plaine où se trouve le PC de commandement. Le gus revient après avoir risqué sa vie pour l'entêtement de son lieutenant. Muni d'un papier manuscrit. On y lit, ordonné comme suit :

« Pour Allaire.
Cessez le feu à 17 h 30
Ne tirez plus
Pas de drapeau blanc
À tout à l'heure. »

Bigeard, pour une fois sentimental, ajoute de son encre rouge :

« Pauvre 6
Pauvres paras
Bruno »

Nouméa

À l'issue de son séjour au Viêtnam en 2018, le Premier ministre poursuit son voyage jusqu'en Nouvelle-Calédonie.

Comme, je crois, beaucoup de Français, je ne connais quasi rien de cet archipel. J'ai vaguement entendu parler de la prise d'otages dans la grotte d'Ouvéa, et j'admire régulièrement la beauté de l'île des Pins via des photos postées sur Facebook par quelques amis de Carnac installés là-bas – les Bretons ne rechignant jamais à l'exil.

Édouard Philippe expose une première fois au béotien que je suis sa conception des choses : pour trouver le juste milieu entre les revendications des indépendantistes et des Caldoches, les Calédoniens d'origine européenne, il faudra peut-être poser la question de l'indépendance tous les trente ans. « Dans une forme de lien à la fois tendu et distendu entre eux et nous. » La Nouvelle-Calédonie ne sera jamais la Creuse, avec une préfecture, une gendarmerie et des habitants tous au garde-à-vous face à l'État central, mais elle peut nous demeurer proche. Philippe a envie de retourner dans le

Pacifique, pour continuer à comprendre. Une image l'a quelque peu marqué : lorsqu'il survolait la baie de Nouméa en hélicoptère, il s'est soudain vu, percussion de l'histoire et de la géographie, au-dessus de la baie d'Alger.

Comme si la Nouvelle-Calédonie lui rappelait que la décolonisation n'était pas terminée. Dans les accords de Nouméa signés par Lionel Jospin, il y a cette phrase, au sujet de la présence coloniale française : « Avec toutes ses parts d'ombre, non dépourvues de lumière. » Pour les Kanaks comme les Algériens, la part de lumière s'amenuise avec le temps. Pourquoi ?

Avant un rendez-vous avec Édouard Philippe, Henri de Castries répond en premier. « De l'Afrique du Sud à l'Algérie, on assiste à des naufrages politiques sans équivalent. Corruption, violences, dysfonctionnements. Il leur faut trouver un exutoire : parler des méchants Blancs est une manière de détourner l'attention. Cela prend car les Français doutent d'eux-mêmes. Or, à ma connaissance, nous sommes partis d'Algérie il y a soixante ans. En trois générations, qu'ont-ils fait de leur pays ? Qu'on arrête de nous dire que c'est la colonisation européenne qui a créé la misère de l'Afrique. Elle existait avant, elle s'est développée depuis. Ce qui ne veut pas dire que le désir d'indépendance n'est pas légitime. »

« La colonisation, on a le droit de regarder ça en face, pose de son côté Philippe. Elle correspond à une époque, à une vision du monde, à des intérêts, parfois à des idées. Parfois elles étaient belles, parfois elles ne l'étaient pas. Oui, cela a eu un impact déstabilisant !

C'est l'histoire. Nous sommes nous-mêmes dans des aspects glorieux le produit de la menace romaine. C'est la vie, m**** ! Il ne s'agit pas d'y mettre des valeurs morales pour expliquer que cela aurait dû être autrement. En histoire, "ça n'aurait pas dû", cela ne veut rien dire ! C'est absurde ! Le règne de la raison, ce n'est pas le règne de la morale ! »

Avant de revenir au Havre pour reparler du cas de la Nouvelle-Calédonie avec Édouard Philippe, je voulais être sûr de mieux appréhender le sujet. Je suis allé chercher deux personnes que j'estimais compétentes. Alexis, un vieux copain d'enfance, rencontré au collège et croisé chez les scouts ; et le ministre des Outre-mer, Sébastien Lecornu.

Alexis a d'abord été saint-cyrien, officier, puis sous-préfet et administrateur civil au ministère de l'Intérieur. En tant que haut fonctionnaire, il a travaillé sur le 16e comité des signataires, tenu à Paris en novembre 2017, présidé par Édouard Philippe. Ces comités font office de clauses de revoyure entre l'État, les indépendantistes et les loyalistes depuis les accords de Nouméa en 1998.

Mais d'abord – et on va essayer de faire très simple – il y a eu les accords de Matignon signés par Michel Rocard en 1988. Pourquoi 1988 ? En raison de la prise d'otages dans la grotte d'Ouvéa, intervenue entre les deux tours de l'élection présidentielle. Après une attaque armée et meurtrière menée par des indépendantistes dans une gendarmerie à Fayaoué, sur l'île d'Ouvéa, les assaillants se retranchent dans une grotte avec des otages. L'assaut libérateur fait de nombreux morts côté néo-calédonien.

Si on veut voir un film qui reconstitue cette histoire, on peut regarder *L'Ordre et la Morale*, de Mathieu Kassovitz. Les Français ont l'air vraiment très antipathiques, les militaires très brutaux, et les Kanaks très gentils. Quand le long métrage est sorti en 2011, les Caldoches l'ont moyennement bien vécu. Typiquement le genre de film qui participe à la grande culpabilisation ambiante de l'homme blanc. Un film bien fait, vu le talent du réalisateur, évidemment, mais bien coulé dans le moule de la haine de soi. Édouard Philippe n'a pas vu ce film. Alexis, lui, l'a étonnamment bien aimé. Sébastien Lecornu l'a regardé « sur zone », lors d'une quatorzaine sanitaire à laquelle il était astreint après un atterrissage à Nouméa. Pour le ministre, ce long-métrage, bien qu'il déconnecte l'épisode d'Ouvéa d'un cycle plus complexe, a le mérite de parler de la Nouvelle-Calédonie. Moi, je n'ai pas aimé, mais ce n'est pas le sujet.

Suite à la prise d'otages, Michel Rocard signe les accords de Matignon en juin 1988, pour organiser un référendum proposant que soit examinée l'autonomie en 1998. En 1998, le Premier ministre Lionel Jospin propose à son tour les accords dits de Nouméa pour proroger ceux de Matignon, repoussant la question au maximum en 2018. Et voilà comment trente ans après la grotte d'Ouvéa, Édouard Philippe se retrouve à devoir organiser le référendum tant attendu. Autant par statut, car la Nouvelle-Calédonie demeure depuis cette époque un sujet Matignon, que par calendrier. Le 16e comité, m'explique Alexis, s'annonce donc capital : il porte principalement sur les modalités du vote, et sur qui pourrait voter.

Or, quand il s'agit de la Nouvelle-Calédonie, il ne suffit pas d'être un bon constitutionnaliste ou un expert de la carte électorale pour organiser une consultation. Il faut être tout à la fois diplomate, ethnologue autant que bon préfet. Benoît Ribadeau-Dumas le confirme d'autant plus facilement que le directeur de cabinet de Philippe n'a pas préempté le dossier. « Il y a beaucoup d'irrationnel avec la Nouvelle-Calédonie, ce qui n'est pas vraiment mon terrain de prédilection. Il y a un côté chamanique. Édouard adore ça. Créer de la confiance, des concepts, et trouver des solutions. Dès son arrivée à Matignon, quand j'ai choisi son conseiller Outre-mer, Édouard m'a demandé à ce que ce soit quelqu'un de *sharp* sur le sujet calédonien. Il ne faut pas oublier que Michel Rocard, le père des accords de 1988, a toujours été un de ses modèles. Rocard pour le dialogue, Pompidou pour le personnage. Sur la Nouvelle-Calédonie, Édouard a aussi beaucoup consulté ses prédécesseurs. »

Pour comprendre Nouméa, il faut s'imprégner de l'histoire, de ce tango complexe entre Océaniens et Européens depuis la découverte de l'arc insulaire en 1774 par James Cook, et de Napoléon III qui en fait une colonie française en 1853. Après la Seconde Guerre mondiale, portée par sa réussite économique, liée au boom du nickel dont elle devient le troisième producteur mondial, la Nouvelle-Calédonie s'émancipe. Alexis m'explique tout cela avec l'aisance du consultant qu'il est devenu chez Images 7, la société de communication d'Anne Méaux, elle-même croisée dans mon précédent livre sur Fillon, et devenue femme majeure de mon existence.

Reprenons : à l'inverse d'une Polynésie française restée très métropolitaine, l'archipel gagne dès après la guerre des galons d'autonomie. Il y a un gouvernement. Les élus traitent d'égal à égal avec les plus hautes instances de la République, alors, comme dit Alexis, qu'il n'y a que 270000 habitants et que c'est « à dache ». La sécurité civile, ce n'est plus le préfet qui la gère. La sécurité publique, elle, dépend toujours de l'État. « La Corse rêverait d'avoir un truc pareil », dit-il encore.

Contrairement à l'Amérique où le peuplement européen remonte à loin, la culture autochtone dans le Pacifique a beaucoup mieux résisté. C'est ainsi qu'ils ont un droit double. Doublement complexe : le coutumier et le commun. Le tribal et le républicain. Il y a ainsi deux registres d'état-civil, le coutumier et le commun. Il n'y a pas de propriété privée sur les territoires de droit coutumier, lequel se révèle un droit très versatile. Alexis donne un exemple que ne renieraient pas Alexandre Bompard et Charles Hufnagel : « Autant te dire qu'installer un supermarché Carrefour sur une terre de droit coutumier, c'est très compliqué. »

La coutume ne se circonscrit pas au droit, elle régit également un certain nombre de codes sociaux. On offre un cadeau avant d'entrer sur un territoire, avant de parler à tel ou tel chef. Cela va, suivant le rang de l'interlocuteur, du paquet de clopes agrémenté d'un billet de

5 euros à la bouteille de whisky haut de gamme. Ou un objet de métropole. Ou un tissu rare.

L'alcoolisme n'est pas un petit sujet en Nouvelle-Calédonie. Rien que sur l'aire urbaine de Nouméa, on dénombre 5000 ivresses publiques par an. Sur toute la France métropolitaine, 50000. Autour des lagons du Pacifique coïncide avec ce phénomène une violence nette, atavisme des bagnards que furent les premiers colons. Embuscades pour les gendarmes qui traversent l'île en blindés, record de violences intrafamiliales, record de violences faites aux femmes. C'est ici que les derniers peuples cannibales ont été recensés. Et pour donner une idée des traumatismes contemporains qu'ont connu les Néo-Calédoniens, il suffit de relater l'assassinat de Jean-Marie Tjibaou. Figure du FLNKS, le rassemblement des partis indépendantistes de l'archipel, il obtient lors des accords de Matignon signés avec Michel Rocard, en 1988, des gains politiques considérables pour la Nouvelle-Calédonie : la valorisation des Kanaks, la reconnaissance du statut coutumier, et l'ouverture de la voie à l'indépendance. Un an après la prise d'otages de la grotte d'Ouvéa, une cérémonie a lieu pour la commémorer. Tjibaou, présent, y est tué, sous les yeux pleins d'effroi des participants, par un indépendantiste plus radical que lui.

Voilà, en très résumé, le terrain sur lequel atterrit un Premier ministre français. Quand Édouard Philippe s'installe à Matignon, il a moins d'un an pour répondre à trois questions concernant le référendum attendu depuis trente-trois ans : qui vote ? Quelle question on pose ? Quelle date on choisit ?

Le 16e comité des signataires, on l'a dit, a pour enjeu la délimitation de la liste électorale. En gros : comment les coutumiers peuvent s'inscrire, depuis combien de temps faut-il habiter sur place pour voter, et ce genre de règles sur lesquelles loyalistes et indépendantistes s'opposent. Depuis plusieurs mois, le préfet, les partis politiques locaux sont dans l'impasse. Désormais, il revient au gouvernement français de se prendre les pieds dans le tapis. Ou pas. S'ajoute une contrainte de calendrier parlementaire : la loi organique doit être votée au Parlement français dans des délais qui ne remettent pas en cause ceux des accords de Matignon. Le risque d'aporie politique paraît réel. Celui de prendre des coups aussi.

Spoiler : ce 16e comité sera qualifié d'historique. « Nous, l'administration, on est très sceptique, confie d'abord Alexis. Au ministère des Outre-mer, nous sommes plus de trente à bosser dessus. Concrètement, on a peur de ne pas avoir le temps de l'organiser, ce référendum. » Le jeudi 2 novembre 2017, les négociations vont durer neuf heures. Le Premier ministre ne doit les rejoindre que dans l'après-midi. Une cinquantaine de personnes arrivent à Matignon le matin. Il y a là des administrateurs civils, des élus néo-calédoniens, la ministre des Outre-mer et ses équipes, des conseillers du Premier ministre, des membres de la direction de la modernisation de l'administration territoriale du ministère de l'Intérieur, de la direction de l'organisation des élections, du haut-commissariat, de la préfecture.

Une grosse vingtaine de technos, une grosse vingtaine de politiques.

Cela fait beaucoup de monde pour décider. Cela crée de la formalité. Cela signifie aussi qu'il y a beaucoup de témoins, et donc des risques de fuites. « Philippe, raconte Alexis, se pointe dans la salle de réunion, dit bonjour, laisse d'abord la ministre parler. Puis indique : "En fait, on va faire ça en petit comité dans mon bureau." » Exit les gens comme Alexis. Sur les vingt technos, il n'en garde que cinq. Entamée à 14 heures, la réunion se termine à 23. Ribadeau passe boire un coup avec eux. Alexis, lui, interroge son directeur. C'était bien ? « Incroyable. Philippe a fini par prendre la plume pour rédiger les paragraphes qui formalisent la décision. Il a tout fait basculer. »

Commentaire d'Alexis, après la lecture du compromis : « À la fin de ce comité des signataires, les élus néo-calédoniens le qualifient d'historique : il engage la fin des accords de Matignon, et c'est la première fois qu'un PM s'investit autant. Il réussit un truc que peu de monde aurait réussi : reprendre la main, fédérer les deux camps. Résultat : inscription automatique des coutumiers. Trois ans de résidence pour les électeurs de statut civil de droit commun. C'est équilibré. »

Au fond, pour en avoir discuté avec les deux, Alexis et Édouard Philippe pensent la même chose. La Nouvelle-Calédonie ne pourra jamais se passer d'une espèce de lien établi par un accord *ad hoc* entre elle et la France. L'archipel n'a pas envie d'être comme les autres, souhaite traiter d'égal à égal, mais veut conserver ce lien.

En somme les indépendantistes ne veulent pas l'indépendance, ils veulent la reconnaissance.

Une thèse en écho à ce que me dira plus tard Lecornu : « Beaucoup d'indépendantistes parlent du lien avec la France de manière plus charnelle que certains loyalistes, qui ont tendance à penser que c'est une histoire d'administration et de passeport. Avec tous, il faut respirer fort et boire frais. »

La France a-t-elle quelque chose à faire là-bas ? Non et oui. Nous sommes un des seuls pays à avoir pour voisins la moitié des pays du monde. Même le Commonwealth n'a pas cette surface-là. Cela nous donne des points d'appui militaires et l'opportunité de pouvoir dire que nous sommes présents sur tous les continents. Cela permet, aussi, au Quai d'Orsay, d'organiser chaque année le dîner des Trois Océans avec une cinquantaine de nos ambassadeurs, couvrant ainsi la surface du monde.

Dans le 7e arrondissement, au 27, rue Oudinot, l'hôtel de Montmorin, construit au XVIIIe siècle, renvoie un je-ne-sais-quoi de demeure coloniale. Au ministère des Outre-mer, Sébastien Lecornu alimente en bûchettes la cheminée de son bureau. Fugace directeur adjoint de la campagne Fillon, meilleur copain de Gérald Darmanin, ami d'Édouard Philippe, couvé par Emmanuel Macron, adoubé par le décorateur Jacques Garcia en son splendide château de Champ de Bataille, toujours portraituré comme un espoir du plateau mais inconnu du grand public : Sébastien est un des rares ministres politiques. Il peut expliquer des heures les subtilités du droit coutumier, les prospectives économiques liées au nickel, le peuplement de l'Océanie. C'est un malin, aussi, qui prévient d'emblée : « Il faut faire attention, car la Nouvelle-Calédonie est un virus. Je le vois bien : plusieurs personnes l'ont contracté. Il y a une mythologie autour de ce dossier, très statutaire. »

En octobre 2020, le ministre des Outre-mer, en visite à Nouméa, souhaite organiser une réunion avec des chefs de partis de tous les bords politiques néo-calédoniens. Il précise juste qu'elle aura lieu sous forme de déjeuner le jour de son départ de l'archipel. La veille, un gendarme se rend au domicile de chaque élu invité, avec un carton. La réunion est confirmée, mais on vous appellera plus tard pour vous dire où. Dans la nuit, l'information tombe : rendez-vous demain au haut-commissariat à Nouméa. De là les attend un minibus. Qui les emmène vers l'héliport. Puis l'hélicoptère les dépose à proximité d'une marina où une navette de la SNSM les embarque vers Lamprédour, l'îlot de villégiature du haut-commissaire. Durant tous les trajets, le ministre ne dit mot et ne desserre pas les dents. Une fois sur place, il leur annonce : « Je ne pars plus ce soir. J'ai tout mon temps… »

Manuel Valls a connu, quand il était à Matignon, la crise du nickel. Pour Philippe, ce fut l'ère des référendums. Il en parlait des heures avec le seul journaliste métropolitain véritablement spécialiste du sujet, le reporter du *Monde* Patrick Roger. Pour Valls comme pour Philippe, l'héritage Rocard joue à plein puisqu'ils ont tous deux milité, jeunes, pour le socialiste. Sur place, le

Havrais a laissé des avis contrastés. Très présent et très investi au début du quinquennat, il imprime instantanément son aura. Mais, pour ne pas avoir développé ensuite une relation personnelle avec les élus locaux, en les tenant à une certaine distance institutionnelle, il remet un coup de froid sur des interlocuteurs qui se montraient chauds. Les Gilets Jaunes, les retraites et le Covid auront ensuite définitivement raison de sa disponibilité.

Avec ses 270000 habitants, la présidentielle ne se jouera pas là-bas. Mais chacun comprendra que la décolonisation a ici des allures de processus sans fin. Dans l'océan Pacifique aussi on déboulonne les statues. Celle de Jean-Baptiste Olry, par exemple, en face de l'hôtel de ville de Nouméa. L'ancien gouverneur de Nouvelle-Calédonie en 1878, nommé en pleine révolte kanak, sera remplacé d'ici 2022 par une œuvre représentant la poignée de main entre Jean-Marie Tjibaou et Jacques Lafleur, en mai 1988. Celle qui mit fin à quatre années d'affrontements entre loyalistes et indépendantistes. Olry prendra place dans les jardins du musée de la ville. L'histoire ne sera pas totalement effacée.

Édouard Philippe affirme qu'il est bon de savoir l'interroger, l'histoire. Lui adore François Ier; pas uniquement parce qu'il a créé Le Havre en 1517. Il en avait discuté un jour avec le chroniqueur de *Valeurs actuelles* Franck Ferrand. Qui, lui, déteste François Ier. « Je n'ai donc aucun problème avec le fait que l'on débatte de l'histoire, en conclut-il. Mais certainement pas pour arriver à l'idée qu'on ne célèbrerait plus Napoléon parce qu'il aurait une partie obscure. C'est n'importe quoi. L'anachronie est classique dans la pensée humaine. On condamnerait la démocratie athénienne parce qu'il y avait des esclaves et que leurs vies étaient abominables ? Oui, Hannah Arendt n'a pas complètement tort quand elle dit que les nazis se sont en partie inspirés de l'Empire romain. Et alors ? On a aussi le droit d'admirer en Rome un peuple d'ingénieurs et un empire à la capacité d'intégration étonnante. »

Philippe n'en a pas terminé : « Il y a une période en France où il y avait la peine de mort. Est-ce que c'était abominable ? Oui. Est-ce que ça veut dire que ce n'était pas la République ? Non. Est-ce que la IIIe République n'en était pas une au motif que les femmes n'y avaient pas le droit de vote ? Non. Je ne supporte pas ça. Vous aviez déjà dans les années 1960 et 1970 des historiens marxistes qui avaient une grille d'analyse qui nous paraît dingue aujourd'hui. Mais c'est vrai qu'en ce moment il y a une mode intellectuelle terrible. »

Identité

Quand il se rend au cinéma ou souhaite se promener incognito, Édouard Philippe se coiffe d'une casquette. Dessus, on lit les initiales LH. Il n'est pas le seul à porter ce type d'accoutrement : les Havrais sont de nouveau fiers de leur ville et l'affichent jusque dans leurs vêtements. Vous croiserez plus rarement, quel que soit l'endroit en France, des gens arborant un T-shirt flanqué du drapeau tricolore. Vous n'entendrez pas souvent des citoyens clamer bruyamment la qualité du pays dans lequel ils vivent. À nouveau : pourquoi ?

« Il y a une grande différence entre Le Havre et les Français, entame Édouard Philippe. Le Havrais avait un complexe d'infériorité, il l'a vaincu. Tandis que le Français, lui, n'a pas résolu son complexe de supériorité. »

Quand les philippistes occupent Matignon, Charles tente de tempérer mes frustrations patriotiques en m'expliquant à quel point la notion de puissance importe pour son patron. Maintenant que j'ai tout mon temps pour interroger l'ancien Premier ministre, je lui demande si l'on peut restaurer la puissance de la France sans en affirmer son identité.

«Ce n'est pas absurde comme question. Mais si l'on ne fait que sauter sur sa chaise et dire “identité, identité”, cela ne change rien. Emmanuel Macron, comme moi, est convaincu qu'on a un sujet avec l'identité. Pour autant, il sait qu'un débat sur l'identité est vain. On ne discute pas sur l'identité. Il faut en revanche un travail de commémoration intelligent. C'est pourquoi le Président passe autant de temps sur le mémoriel, l'acceptation de l'histoire de France. Sans tomber dans la repentance. J'ai beaucoup de respect pour la façon dont il le fait.»

Je repense à la phrase que le candidat Macron prononce en Algérie pendant la campagne présidentielle de 2017, qualifiant la colonisation de «crime contre l'humanité».

«Je ne l'aurais pas dit comme ça, précise son ancien Premier ministre. Mais pourquoi il le fait? Précisément car il pense qu'on a un sujet d'identité. Donc il va chercher dans le passé des raisons de comprendre qui on est. Il faut reconnaître qu'il y avait chez Macron, et plus chez lui que chez beaucoup d'autres, dans son discours de 2017, la fin de l'assignation à domicile, l'épanouissement, l'émancipation, la fluidité de la société. La réussite. Un discours certes un brin capitaliste, mais qui propose une société d'aspiration ouverte. Qui ne plaît pas aux conservateurs, peut-être, mais qui séduit la droite libérale. C'est une manière un peu plus intelligente de parler d'identité que quand Nicolas Sarkozy avait organisé un débat sur l'identité nationale. Mais ce n'est pas tout à fait encore la bonne réponse. La seule vraie bonne réponse sur ces sujets d'identité, c'est le projet. La seule bonne façon de continuer à faire avancer le vélo, c'est de dire où il va. Si vous passez votre temps à regarder derrière, en contemplant tout le chemin parcouru, vous vous plantez. Si vous regardez au niveau de votre pédalier, sur la manière dont marche votre vélo, ce n'est pas bon non plus.»

Pour lancer un défi à l'ancien Premier ministre d'Emmanuel Macron, je suis allé chercher une argumentation de François Fillon. Il possède, je trouve, l'art de dire des mots clairs et sans outrance sur les thématiques les plus abrasives. Cette citation provient de son interview accordée à *L'Express* après la décapitation de Samuel Paty. Un attentat qui l'avait profondément saisi. Devant Édouard Philippe, à voix haute, je la lis : «En France, nous avons une immigration forte et insuffisamment maîtrisée, et un projet national trop faible pour assurer l'intégration.» Il acquiesce. Je poursuis. «Le manque de confiance en nous, en notre culture, en notre passé, atteint des sommets délirants avec la contestation de toutes les grandes figures de l'histoire, le déboulonnage des statues, le procès permanent fait à tous les dirigeants de notre pays d'être soit esclavagistes soit prédateurs sexuels. Tout cela crée un climat qui participe à réduire notre capacité d'intégration, de mobilisation de la population nationale.»

«C'est... pas faux, rétorque-t-il. Et en même temps, est-ce que c'est complet? Le rythme de l'immigration est-il excessif? Ça pourrait se discuter. Qu'il ne soit pas maîtrisé, en revanche, c'est clair. Et je n'exclus pas qu'il pourrait être jugé non excessif si nous étions plus sûrs de nous.

— Pardon de le dire comme ça, le coupé-je, mais au-delà du flux, en matière d'intégration, estimez-vous que se pose aussi la question du stock ?

— Aux États-Unis, un habitant sur huit a un parent d'origine étrangère. La réponse à votre question varie donc en fonction des époques, en fonction des projets, en fonction des endroits. Et en fonction des immigrations. Il est absolument certain qu'il y a une différence entre ceux qui parlent la langue et ceux qui ne parlent pas la langue. Entre ceux qui, parlant la langue, n'ont pas le même référentiel culturel. Un Gabonais qui parle bien français est-il plus proche du référentiel culturel français qu'un Italien non francophone qui arrive en France ? Vous avez deux heures… »

Je tente modestement de le prendre à revers en pensant à Madjid, son entraîneur de boxe. Que je qualifierais, si l'expression n'avait pas été pillée, de modèle absolu d'intégration. La première fois que je lui parle au téléphone et que je lui explique, puisqu'il s'en enquiert, l'origine bretonne de mon prénom, il répond en se marrant : « Et moi kabyle, 100 % berbère. » Puis il souligne les ponts entre la musique bretonne et celle de cette région.

Au Mont-Gaillard, en sortant de ma voiture sur le parking devant le gymnase havrais de Madjid, j'entends : « Ah non désolé monsieur, l'accès du bâtiment est interdit aux Noirs. » Suivi de deux énormes éclats de rire. De la part de celui qui venait de prononcer la phrase, Madjid, et de celui à qui elle s'adressait – en l'occurrence Alfou, un jeune boxeur.

Je me présente à Madjid Nassah, qui m'emmène dans la petite salle où se trouve la machine à café. La veille au soir, j'ai relu le chapitre des *Hommes qui lisent* consacré au noble art. Édouard Philippe y parle de son entraîneur, mais aussi de quelques autres personnages qu'il croise dans ce gymnase Pauline-Kergomard – la fondatrice des écoles maternelles en France –, qui abrite le siège d'Émergence, l'association créée par Madjid et un associé en 2002. J'y découvre Alan, un grand Black avec barbe, qui vient de terminer sa nuit de travail de contrôleur. Et Masto, un ancien de la Légion étrangère, entièrement tatoué, passablement marqué.

Madjid Nassah a grandi à la Mare Rouge, bâtiment A. La cité juste à côté. « Là-bas, *La Promesse de l'aube*, c'est pas d'une totale évidence », dit-il en jetant un regard au Folio posé sur son étagère. Il s'emballe, inspiré : « Ici, la bonne étoile, disons qu'il y a pas mal de nuages devant… » Il moque les appellations et acronymes ayant étiqueté son quartier : zone franche, ZEP, ZSP, et d'autres qu'il a oubliés. Comme des compilations de labels, qui, dans un supermarché, finiraient par rendre le produit définitivement suspect.

Masto, lui, a grandi aux Neiges. Ce quartier nourrit mon imaginaire depuis qu'Édouard Philippe, lors de ma première visite au Havre en sa compagnie, a préféré ne pas m'y emmener. Je l'ai découvert par la suite en m'y rendant, et en me documentant à son sujet. Les Neiges, c'est un quartier très particulier. Rien à voir avec une cité de grande ville française : l'architecture et la disposition des lieux renvoie plutôt aux quartiers ouvriers du Nord ou de l'Angleterre. Les Neiges ont toujours été un coupe-gorge, au point que le curé garait sa voiture dans son église, désespéré de se la voir sans cesse vandalisée.

Originellement quartier de dockers, communiste, les Neiges a perdu des habitants, presque tous ses commerces, et vote aujourd'hui majoritairement Rassemblement national. Les pavillons, parfois minuscules, côtoient les devantures fermées ou murées. Il y eut jusqu'à soixante-cinq boutiques dans ce village. À peine cinq aujourd'hui. Des carcasses de voitures désossées occupent quelques places de stationnement, en bas d'immeubles décrépis. Coincées entre la ligne de chemin de fer, le port, et des écluses, les Neiges végète. Le quartier est moins dangereux que dans le temps, mais en 2019, le remplaçant d'Édouard Philippe, venu à une réunion de quartier expliquer le projet de la destruction du stade de foot, a vu sa voiture se faire caillasser.

La mère de Masto, originaire des pays de l'Est, lui racontait qu'elle entendait les rats sous les planchers des baraquements quand les Neiges n'était rien d'autre qu'un bidonville. Avec Masto, on discute de l'armée. De là où il a servi. Comme Édouard Philippe, j'essaie de parler à son affect kaki en devançant la localisation de ses régiments. Le 2e REP ? C'est à Calvi, non ? Oui. Vous avez été nageur de combat ? À Toulon ? On se connaît depuis trois minutes, mais cette salle transpire d'authenticité et Masto évoque des traumas liés à sa carrière de légionnaire. Il a vu et fait suffisamment de choses peu recommandables, nous confie-t-il, pour ne pas réussir, plusieurs années après avoir retrouvé la vie civile, à dormir d'une seule traite.

Je mentionne ma rencontre à Philippe. Il réagit : « Des types comme Masto et Madjid, c'est des mecs en or. Ça vous tient un pays, ça. » Il a raison. « On ne parle jamais d'eux alors qu'il y en a plein des gens comme eux. » Admettons que ce soit vrai : personne ne se plaindrait de n'avoir que des concitoyens de cette trempe-là.

D'emblée, le discours martial de Madjid Nassah m'a touché : « Ici, on a toujours eu l'habitude de faire les choses avec des règles. C'est le principe de l'arbitre dans le sport. On ne met pas sa serviette sur les machines. On n'arrive pas en retard. Au foot, délinquant ou pas, si tu es hors jeu, tu es hors jeu. »

Quand il emmène des jeunes faire du karting à Pont-l'Évêque, au milieu des cadres sup' en *team building*, l'éducateur les briefe avant de les faire monter dans le minibus : « Vous me filez pas la honte les mecs. On ne parle pas fort. On se tient bien. »

Lui et un associé ont ouvert la salle en 2002. Hyperactifs, ils ont monté une opération pour aider les jeunes à trouver un emploi. Ça s'appelait « Au top pour un job » et ils ont placé mille personnes en entreprise, entre 2003 et 2014. Comment des zonards du quartier se sont-ils transformés pour devenir plus employables ?

Madjid mime l'entretien : « Tu veux un boulot ? OK, mais déjà c'est pas avec ton survêt' et ta casquette que tu vas en trouver. Ni en parlant comme ça. » Plutôt en apprenant la ponctualité et en rédigeant un CV propre.

Madjid leur fait aussi passer des entretiens fictifs avec des vrais chefs d'entreprise.

Ne pensez jamais flatter Madjid en utilisant le terme de « grand frère », cette novlangue associative pour sujets de JT ou politiques publiques mal inspirées. « *Grand frère*, c'est un mot qui a ses limites. Il suffit pas de venir du même quartier pour avoir de l'autorité. Il faut des compétences. Il faut être direct avec ceux qu'on veut éduquer, ne pas tourner autour du pot. Résultat : ici, on n'a jamais eu besoin de repeindre les murs. Alors que c'est si facile d'écrire "gros bâtard" la nuit avec une bombe. »

Au Havre, il y a des quartiers plus ou moins marqués. Mare Rouge, Mont-Gaillard, Bois de Bléville, ce sont des cités. Caucriauville, le quartier du rappeur Médine, aussi. « À Mont-Gaillard ou à Mare Rouge, on ne se baladait pas comme ça, se souvient Madjid. Il y avait des seringues dans les bacs à sable, et l'été, quand il faisait chaud, on se mettait sur la gueule. » Demeure miraculeusement, depuis, de la mixité : « Ici, y a des Mireille de soixante-quinze ans qui viennent faire du sport au gymnase. » Il montre une photo de lui avec Mireille.

En 2002, on comptait 400 vitres de bus cassées par an au Havre. Le pire endroit étant l'arrêt La Passerelle, à Mare Rouge. Aujourd'hui, c'est plutôt moins de 20. Ces infos viennent de Sylvain, un cadre de la société de transports, qui boxe ici avec Édouard, Madjid, Masto et la bande. La vie de quartier a pu s'améliorer, contre-intuitivement, au milieu d'une société en déliquescence. Et ça, c'est Alan le contrôleur qui le dit : « Avant, il y avait le respect des anciens. Aujourd'hui, les jeunes ne respectent rien.» Masto renchérit : «Les jeunes, aujourd'hui, ils ont le vice.»

Qu'est-ce qui a changé entre avant et aujourd'hui? Madjid montre son téléphone. Snapchat, le buzz, la notoriété numérique décuplée par la violence mimétique. La propagation d'un islam plus rigoriste, plus intrusif, peut-être aussi. Dans la salle de boxe havraise, comme dans bien d'autres clubs sportifs du pays, les radicaux tentent des percées. On en avait parlé avec Madjid au bout de deux minutes trente de discussion, et il avait livré sa recette sans faire durer le suspense : «Il suffit d'avoir des couilles. On va voir le mec et on lui dit qu'ici, il y a des règles.» Comme celle de ne pas sortir son tapis de prière. Idem dans la société de transport d'Alan et Sylvain. Leur boîte paraît moins débordée que la RATP sur le sujet. «Les endroits où cela se propage, ce sont les endroits où l'on n'a pas pris le mal à la racine», jurent-ils. Chez eux, on n'a pas le droit de faire sa prière ni en salle de pause, ni au terminus, ni nulle part en fait.

Il me restait à parler de ce riant sujet avec le principal intéressé du livre. Charles Hufnagel me prévient : «Au sujet de l'islam, Édouard ne sera jamais où *Valeurs actuelles* l'attendra. Mais il n'est pas non plus pour les accommodements raisonnables.» On l'avait déjà évoqué durant la période Matignon : à l'époque, le discours consistait à répéter qu'on peut être un bon Français et un bon musulman, qu'il ne faut pas davantage cliver ce pays morcelé, ne pas donner à une communauté le sentiment qu'elle n'a pas sa place parmi nous. En réalité, quand il était Premier ministre, Édouard Philippe en a surtout très peu parlé. L'écrivain libéré non plus : *Impressions et lignes claires* évoque beaucoup de sujets. Mais pas une page sur celui-là.

Cette fois-ci, je ne m'appuie pas sur une citation de François Fillon, mais sur l'extrait d'une vidéo de l'ancien roi du Maroc, Hassan II, interviewé en 1993. Anne Sinclair lui demande s'il souhaite l'intégration, en France, des ressortissants de son pays : « Je n'aimerais pas qu'ils soient l'objet d'une tentative, car ils ne seront jamais intégrés. L'exprimeront-ils qu'ils ne le pourront pas. C'est possible entre Européens, car la trame est la même. Les mouvements humains, dans l'histoire de l'Europe, ont été est-ouest. Mais là, c'est un autre continent. Vous n'en n'avez que faire : ce seront des mauvais Français. Je vous décourage, en ce qui concerne les miens, les Marocains, d'essayer un détournement de nationalité, car ils ne seront jamais 100 % français. Cela, je peux vous l'assurer. »

« Hassan II dit ce que dit de Gaulle, avec Colombey-les-Deux-Mosquées », temporise Édouard Philippe. Il fait alors référence à ce que le général déclarait à son ministre Alain Peyrefitte en 1958 : « C'est bien qu'il y ait des Français jaunes, des Français noirs, des Français bruns. Ils montrent que la France est ouverte à toutes les races. Mais à condition qu'ils restent une petite minorité. Sinon la France ne s'appellerait plus la France. Mon village ne s'appellerait plus Colombey-les-Deux-Églises, mais Colombey-les-Deux-Mosquées. » Je n'ai pas eu la repartie sur le coup, mais on peut contester le parallèle fait par Philippe entre de Gaulle et Hassan II. Quand l'homme de la Libération prononce cette phrase en 1958, le nationalisme, bien plus que l'islam, pénètre le monde arabe d'alors. En 1993, en revanche, le roi du Maroc n'ignore pas l'emprise déjà grandissante des fondamentalistes.

Le maire du Havre reprend : «La vérité c'est que l'intensité de l'immigration issue de pays de culture musulmane, le revival musulman lui-même qui se conjugue à cela, la déchristianisation du pays et sa laïcisation accélérée, sa sécularisation, tout cela ensemble crée un phénomène très particulier. Est-ce que ce phénomène très particulier ne se pose pas dans des pays qui se sécularisent moins vite que nous, comme l'Italie par exemple ? Non. Mais moi, à la grande détestation du lecteur de *Valeurs actuelles*, je n'ai jamais pensé que l'islam était incompatible avec la République. De même que je n'ai jamais pensé qu'une autre religion pouvait l'être. En revanche, j'ai toujours pensé que l'obscurantisme religieux était une menace. Aujourd'hui, l'obscurantisme catholique est quand même assez peu présent en influence. Et l'obscurantisme musulman, il est très, très présent. J'ajouterais qu'en plus de tout ça se développe un obscurantisme laïc. Nous assistons au combat éternel entre la lumière et l'obscurité. En ce moment, une partie de ce combat se joue dans le monde musulman. Donc évidemment, chez nous, cela a un impact. Mais je préfère le dire ainsi. Ce que cela signifie, c'est qu'il faut qu'on soit beaucoup plus affirmatif de ce qu'on est et de ce qu'on a envie d'être.»

Au moment de la décapitation de Samuel Paty, le vendredi 16 octobre 2020, nous sommes en route pour notre premier week-end au Havre avec ma femme; Édouard Philippe se trouve à Toulon. Avant le drame, nous échangeons quelques SMS où je lui vante la qualité de l'exposition « Nuits électriques » au MuMa, ainsi que celle du pouilly-fuissé servi au restaurant La Voile bleue. Lorsque je le revois, je m'enquiers de savoir pourquoi il n'a pas tweeté par la suite au sujet de l'inimaginable meurtre du professeur d'histoire-géographie.

« Mais pour dire quoi ? Pour moi, faire un tweet après un attentat quand on est une personnalité publique, c'est du même niveau que de se contenter d'un post Facebook dans la vie privée pour se désoler auprès d'un ami de la mort de l'un de ses proches. 140 signes pour tirer la leçon de cela ? » Treize jours après le lycée de Conflans, Nice subit un autre attentat, cette fois en sa basilique de l'Assomption. Silence philippien de nouveau.

En tant que directeur de l'Institut Montaigne, invité plusieurs fois à l'Élysée pour parler du sujet, Laurent Bigorgne assiste à des réunions où Emmanuel Macron et Édouard Philippe devisent religion et radicalité. Hakim el Karoui accompagne Bigorgne, puisque pendant longtemps, cet autre membre de l'Institut Montaigne fut celui qui soufflait à Macron sa pensée sur l'islam. Le corpus défendu par l'Institut Montaigne se résume assez simplement : il comporte une lame très offensive sur l'islamisme en tant que tel, et une lame consistant à promouvoir une meilleure organisation. « Ma vision n'est pas forcément compatible avec la vision *Valeurs actuelles*, explique Bigorgne, elle consiste à faire en sorte que les musulmans éclairés, et ceux de la bourgeoisie, fassent la même chose que les juifs et les protestants, en aidant à structurer pour les autres. »

Les réunions au plus haut niveau ne se sont pas toujours bien passées. « On a un peu violenté Édouard sur l'islam de France. J'ai des souvenirs de moments tendus entre Macron et lui. Macron étant plus offensif, plus à droite, Édouard défendant une position beaucoup plus classique. Hakim ressentait assez durement qu'Édouard nous fasse comprendre qu'en tant que civils, nous ne pouvions pas appréhender le sujet aussi bien que lui. »

Philippe est le maire d'une ville dont on peut lire, en 2016, ce genre de brèves dans la presse : *Au Havre ce lundi matin dans le quartier de Graville, un jeune homme, âgé de vingt-cinq ans environ, a tué sa mère âgée de soixante-deux ans en l'étranglant avec un lacet. Selon la version avancée par le jeune homme, il aurait tué sa mère parce qu'elle voulait l'empêcher de partir en Syrie faire le djihad, ce qui aurait déclenché sa colère*.

Agacé par la polémique « Ali Juppé » durant la campagne de la primaire de la droite en 2016, quand les réseaux sociaux affublent le Bordelais de ce sobriquet pour souligner son laxisme, Philippe a le droit aussi à sa polémique fondatrice. En 2012, la mairie du Havre jette 8 500 portions de mousse au chocolat car elles contiennent de la gélatine de porc.

Philippe ne sait pas encore par quel bout prendre le problème. Il écrira dessus, j'en suis convaincu. En décembre 2020, il a porté plainte, au Havre, et au nom de la ville, contre un parent d'élève fiché S.

Lequel venait de terroriser une sortie d'école en invectivant un autre père de famille, coupable selon lui d'être un mauvais musulman, car il écoutait de la musique trop fort. Le fiché S avait ensuite brisé le pare-brise de sa malheureuse victime. Pourquoi Philippe a-t-il porté plainte lui-même ? « Parce que tout le monde avait les chocottes. »

Des défauts

C'est un homme pas très grand, au teint méditerranéen et à l'énergie bien visible. Il parle très vite, plutôt bien, et ne lâche rien, quand il s'agit de défendre son candidat. Il s'appelle Michel Bettan. Communicant et vice-président chez Havas, proche de Gérald Darmanin et travaillant ardemment pour l'élection de Xavier Bertrand, Bettan est un incroyable commercial de la politique. Capable de se révéler plus convaincant que son propre candidat. Il connaît bien toute la philippie. Dans son bureau du Havre, Mohamed Hamrouni désigne un vieux meuble abîmé : « Michel te ferait sans problème passer ça pour une antiquité rare. »

Michel Bettan est un des meilleurs amis de Gilles Boyer, et il apprécie Édouard Philippe comme copain. Mais il le juge sans ménagement sur les sujets évoqués au chapitre précédent. Pour lui, en quittant le gouvernement, le ministre de l'Intérieur Gérard Collomb lui a livré un testament en déclarant : « Aujourd'hui, on vit côte à côte, je crains que demain on vive face à face. » Philippe ne l'aurait pas saisi, quand Xavier Bertrand, lui, axe tout son début de campagne présidentielle sur la sécurité. Un sujet que ne préempte pas pour le moment le Havrais. Surtout, Xavier Bertrand ne pense qu'à ça : présider, présider, présider.

Au début du quinquennat d'Emmanuel Macron, Laurent Bigorgne se rend à Matignon. Le directeur de l'Institut Montaigne, cheville ouvrière de la campagne présidentielle du nouvel élu, prévient Gilles Boyer, alors voisin de bureau d'Édouard Philippe. L'aile gauche, chez En Marche, étant naturellement plus forte que la droite puisque c'est de là que vient l'innervation du mouvement, il faut, stratégiquement, structurer un groupe d'une quarantaine de parlementaires de droite Macron-compatibles pour établir un rapport de force avec cette aile gauche.

À part laisser vivoter un groupe de députés baptisés « Agir », Matignon n'utilise pas le levier de la consolidation. « Édouard, c'est le roi pour trouver toutes les bonnes raisons de ne pas le faire. Il n'est pas conseiller d'État pour rien, déplore Bigorgne. Oui, si tu fais ça trop vite, tu énerves le président trop tôt. Sauf qu'après l'affaire Benalla, le rapport de force a totalement changé. Les arguments de fin 2017 ne sont plus les mêmes en 2018. »

Quand Édouard Philippe quitte Matignon en 2020, il se voit, on l'a écrit, confier une mission de coordination de la majorité, et les amis du Premier ministre hésitent entre le rire et la stupéfaction. Le philippisme ne rechigne pas au snobisme, et si l'on aime faire travailler la poutre, on a passé l'âge – ou le statut – de monter les échafaudages. Un geste, une pose, quelques mots, éventuellement une photo : voilà ce qu'Édouard daigne accorder. Ses anciens ministres, qui le pensaient là pour rassembler la droite au service d'Emmanuel Macron, en sont pour leurs frais. Cela aurait, sans aucun doute, été utile pour le Président... Donc sans doute aussi pour Philippe une bonne raison de ne pas le faire. Pas tant par animosité que par utilitarisme : pourquoi travailler pour les autres si la même tâche vous sert directement ?

Depuis qu'il n'est plus Premier ministre, la macronie guette la popularité d'Édouard Philippe d'un air plus moqueur que courroucé. Pour eux, rien de plus facile que d'être aimé sans parler. Alors quand Philippe sort de son Aventin pour vendre son livre, les goguenards allument France 2. Le dimanche 4 avril 2021, le spectacle raté de l'interview face à Laurent Delahousse les ravit. Les plans de coupe sur Gilles Boyer, coauteur et invité quasi muet se mordant la langue ; les balles molles et alambiquées de l'intervieweur ; l'entretien qui ne décolle pas. Avec, au milieu de ce moment déplaisant, une véritable séquence pour Malaise TV : Laurent Delahousse cite à Édouard Philippe une phrase qui serait de lui, sans que l'on sache si elle provient d'un *off*, d'un livre, ou d'un copain.

« "De toutes manières, je ne serai pas candidat, sauf si peut-être Emmanuel Macron ne l'était pas." Est-ce que cette phrase vous dit quelque chose ? demande le journaliste de France 2.

— Euh, je crois que je lis souvent ce genre de choses. Je n'ai pas le sentiment de prononcer ces phrases. Je ne m'exprime pas sur ce sujet.

— Donc elle n'est pas de vous cette phrase ?

— Je ne crois pas l'avoir dite. Je ne crois pas non, en tout cas je ne crois pas l'avoir dite publiquement. »

Devant ma télévision, je ressens un double malaise. Celui de voir mon sujet réduit à la thématique qui le met le moins en valeur, sa relation à Macron. Et celui de constater l'impossibilité de l'exercice pour les prochains mois tant qu'il ne sortira pas du bois : dire sans dire, postuler sans bouger, prendre date sans parler au futur. Et s'il était moins fort qu'il n'y paraît ? Et si personne ne l'attendait ? Or, que croyez-vous que viennent lui dire les badauds qui prennent la peine de le saluer dans les rues du Havre ou de Paris, sur les quais de gare ou dans les files d'attente de ses séances de dédicace ? « Il faut revenir en 2022, monsieur le Premier ministre ! », « On en a marre de Macron, vous ne voulez pas vous présenter contre lui ? », « Quand est-ce que vous commencez votre campagne ? ». Toutes ces suppliques qui expliquent pourquoi les Éditions Lattès et le cabinet du maire du Havre refusent la présence de toute caméra lors des signatures de son dernier livre.

Voilà Édouard Philippe contraint, au fil des entretiens, à l'exercice dans lequel il convainc le moins. Celui, diraient les Anglais, de l'*understatement*. Puisqu'il ne peut pas publiquement se prononcer sur ses intentions, il tourne en rond, use de second degré tombant souvent à plat et de phrases, grammaticalement parlant, contenant trop de propositions. Un ancien conseiller ministériel que j'aime bien s'en agace avec moi : « Il ne faut pas être trop intelligent pour faire de la politique. Pourquoi ne pas faire les choses plus simplement ?

Soit il joue la rupture, soit il joue le retrait. En procédant comme ça, ces mecs-là ne gagnent jamais.»

Côté intervieweur, avec Édouard Philippe, les choses ne sont pourtant pas si compliquées pour le placer dans de bonnes dispositions. Il suffit de parler de sujets haut de gamme. La Chine. La différence entre présider et gouverner. Le colonialisme. Et Macron vient si besoin tout seul dans la conversation.

Côté interviewé, il faudrait être sûr que l'orgueil et une trop grande prudence ne viennent pas tout gâcher. Laurent Bigorgne fournit son éclairage au siège de l'Institut Montaigne, rue de La Boétie. «Un des mystères d'Édouard, ce bonhomme extraordinairement sympathique, extraordinairement rapide, un peu conservateur dans sa manière d'envisager le pouvoir, est qu'il est fondamentalement "adverse au risque". Il a des audaces, mais pas tant que ça. Deux ans avant son élection, il me riait au nez quand je lui disais que Macron serait le prochain président. Et quand il est nommé, je sais qu'il sait que je sais... »

J'ai découvert exactement l'inverse en le côtoyant plus avant, mais pour moi, jusque-là, Philippe n'était pas un mec sympa. À quoi cela tient-il ? À cette arrogance juppéiste durant la primaire, ces rires sous cape au bord des estrades de meeting et ces airs supérieurs sur les plateaux de télévision. À des témoignages, aussi. Celui de Camille Pascal par exemple : quand il croise sur le tard Édouard Philippe au Conseil d'État, ce dernier lui fait bien sentir qu'ils ne proviennent pas du même monde. Effectivement, Pascal n'est pas issu du prestigieux corps du Conseil d'État : il doit son statut à la grâce d'une nomination par Nicolas Sarkozy.

De nombreux journalistes ont pu éprouver des sentiments comparables, se sentir victimes de la suffisance du Havrais. À la fin de l'année 2020, j'organise un dîner chez moi avec une demi-douzaine de plumes de la presse écrite nationale. Retiré de ses obligations à Matignon, je convie Charles. Après quelques verres de bordeaux, certains s'ouvrent de leurs rendez-vous passés avec Philippe, de l'époque où il n'était pas encore Premier ministre. Surgit un paradoxe : le député se montre rétrospectivement plus arrogant que le chef du gouvernement. Dans les années 2000, tout journaliste politique finit par croiser celui qui officie comme lieutenant d'Alain Juppé. Il donne rendez-vous à L'Esplanade, un café chic des Invalides. Parfois, sans que cela soit convenu avec le reporter, ni même souhaité, son acolyte Gilles Boyer déboule. Ou l'inverse. Les deux hommes se donnent en double spectacle : celui de leur complicité et de leur supériorité.

Parmi les témoins déçus, Laurent Bigorgne. J'insiste avec Laurent, car je crois fondamentalement qu'il est quelqu'un de bien et que son désarroi relationnel n'a rien d'anodin. Il ne s'agit pas de revanche politique et encore moins d'idéologie : à l'Institut Montaigne, Laurent a pour président et ami Henri de Castries. Henri adore Édouard. Montaigne, boîte à idées libérale, présente de nombreuses compatibilités avec le philippisme. Il faut juste entendre la voix de Laurent, son ton sans acrimonie mais teintée de déception. Nous nous sommes vus de nombreuses fois, et, oui, il en a gros sur le cœur. Bien sûr qu'un président ou un Premier ministre produisent toujours des amis fort marris. Faut-il pour autant déprécier la parole des éconduits ? Lors d'un dîner, Benoît Ribadeau-Dumas l'admet : « Oui. On n'a pas assez bien traité Laurent. »

Bigorgne et Philippe font connaissance au tout début des années 2000. Laurent travaille alors à l'Institut d'études politiques, sous l'égide de Richard Descoings. L'épouse du disruptif patron de Sciences Po Paris s'appelle Nadia, elle a connu Édouard Philippe à l'ENA, issue comme lui et BRD de la promotion Marc-Bloch. Édouard et Nadia sont restés proches. Laurent Bigorgne possède une autre raison de fréquenter Philippe : Richard Descoings l'a chargé de développer les antennes régionales de Sciences Po et, en 2007, ils inaugurent le fier bâtiment de l'IEP du Havre, dans le quartier rénové des Docks. À l'époque, le futur Premier ministre n'est qu'adjoint au maire d'Antoine Rufenacht, mais il met pas mal d'énergie à convaincre l'équipe de Sciences Po que sa municipalité se tient prête pour les accompagner. En janvier 2008, Édith, l'épouse d'Édouard, intègre à son tour la direction de Sciences Po. Elle y travaillera jusqu'en 2015.

« On n'était pas les meilleurs amis du monde, précise Bigorgne, mais on s'entendait bien. Y compris familialement. Car Édouard est cultivé, brillant, sympa. Ne pouvant imaginer qu'il serait un jour Premier ministre, cela n'avait rien d'intéressé. »

Philippe lui fait visiter, face à la mer bleu-gris du Havre, le MuMa. En 2008, les deux couples passent un week-end à Londres où les Bigorgne se sont exilés un an. Quand Richard Descoings meurt en 2012, Bigorgne a déjà migré à l'Institut Montaigne, et Édouard n'est plus chez Areva. Ils continuent à beaucoup échanger, en anciens rocardiens ayant chacun parcouru depuis leur chemin.

Le juppéisme ne les rapproche pas. Rien de personnel : Juppé s'est toujours montré très aimable à l'égard de Bigorgne. Son think tank, l'Institut Montaigne, le conseille comme il conseille d'autres candidats de la centralité. Là où les Anglais distinguent «*politics*» et «*policies*», Montaigne planche du côté des secondes : les politiques publiques. Sauf que côté *politics*, Bigorgne juge Alain Juppé «hémiplégique». Rejoignant en ce sens son président, Henri de Castries, peu convaincu par le Bordelais. «Il y a chez Juppé, complète Bigorgne, un surinvestissement dans la préparation de la décision, au détriment de la prise de décision. Dans le champ politique, il se montre trop techno.»

Sans surprise, Laurent Bigorgne, déjà sur le pied de guerre pour Emmanuel Macron en cette fin d'année 2016, ne s'émoustille aucunement pour Juppé lors de la primaire de la droite. À l'inverse d'un Philippe devenu un homme clé du Bordelais. «J'ai vu Édouard pendant la primaire, se souvient Bigorgne. Il était assez flamboyant mais pas très sympa. Je l'ai aussi revu après la défaite de Juppé. Cassé politiquement et moralement. Emmanuel Macron et Alexis Kohler le sauvent des eaux de manière totalement inespérée. Quand Macron va le chercher, il n'est rien. Il ne pèse rien. Quant à moi, je ne l'ai quasi plus revu. Est-ce parce qu'à un moment de la campagne présidentielle nous avons soutenu des hypothèses différentes ? Qu'il a eu tort et qu'il est devenu Premier ministre, que j'ai eu raison et que je suis resté dans ma vie ? Je n'en sais rien, mais je l'ai durement vécu. »

Il y a le Philippe qui séduit et celui qui déstabilise, déroute, voire blesse. Celui rigolo dont la presse politique s'émerveille jour après jour du choix de ses boutons de manchette, et celui moins convaincant, celui qui n'a pas toujours été le Premier ministre du Covid aux allures de président. Celui qui allume la mèche des Gilets Jaunes puis méprise le mouvement. Celui d'une droite conçue pour séduire la gauche. Celui qui n'a pas d'agenda mais ne ferme aucune porte. Celui de la mode. Celui qui plaît avant tout aux bourgeois. « Édouard Philippe et le peuple ? interroge Camille Pascal, il n'y a qu'au suffrage censitaire qu'il pourrait être élu président. » Celui qui se croit supérieur, enfin : « Je ne pense pas, le défie Laurent Bigorgne, qu'Édouard puisse se regarder dans une glace et se dire qu'il est plus fort que Macron. »

Sous la peau d'Édouard

Il conduit sa Renault Espace quand il déclare, redémarrant après un feu : « C'est très simple d'être populaire en France. Il suffit de faire des choses impopulaires de prime abord, mais dont vous savez qu'elles sont attendues par les Français. »

La remarque ne manque pas d'être relevée, pour un homme qui n'a plus de charge exécutive au plan national. Depuis plusieurs mois, Édouard Philippe bénéficie d'une spectaculaire cote de popularité, sans gouverner. Juste par la qualité de son empreinte, l'implacabilité de son équation. « Oui, le style compte », justifie Alexandre Bompard. Le P-DG de Carrefour le connaît depuis leurs années Sciences Po. Il jure que « la manière d'être d'Édouard » l'a toujours frappé.

Derrière cette notion d'apparence irrationnelle, on associe la taille de la barbe, le port d'une veste, le nœud d'une cravate, la façon de poser une voix. Un sourire, un air grave.

Un ami lobbyiste m'invite un jour à comparer les styles vestimentaires d'Édouard Philippe et d'Emmanuel Macron lorsqu'ils sont en week-end ou en vacances.

Si le costume, obligatoire en semaine, fond leurs identités, je réalise qu'au Touquet le président de la République porte des jeans trop larges ou un blouson en cuir passé de mode. Derrière le chef de l'État, le Rastignac d'Amiens ne se situe jamais trop loin. Comme si sa conquête et son exercice du pouvoir s'étaient effectués avant qu'il ait été totalement dégrossi. En revanche, quel que soit le jour où l'on observe Édouard Philippe, on a l'impression qu'il a passé toute sa vie à Paris.

Bien qu'en lien avec le sondeur Brice Teinturier, le maire du Havre assure vouloir se tenir éloigné des enquêtes d'opinion. Sa vraie-fausse modestie s'arrête aux signaux faibles : un vigneron filloniste qui lui témoigne son admiration, ma petite voisine de sept ans qui, dès qu'elle le voit à l'écran, attrape le bras de sa maman pour lui demander quand cet homme-là sera président, sont des éléments qu'il écoute.

Philippe s'observe. Se compare avec les autres, ou lui-même. Sait décrire ses étapes, dater ses progrès. « Paradoxalement, je me suis senti maire plus vite que je ne l'aurais imaginé. Je pensais que ça ne viendrait qu'après ma vraie élection en 2014 [en 2010, Antoine Rufenacht lui avait cédé son siège]. »

En réalité, c'est en assistant aux obsèques d'André Duroméa en mars 2011 que monte en lui la sensation de légitimité. Ce jour-là, on enterre un communiste, résistant, maire du Havre entre 1971 et 1994. « Avant de mourir, il était venu me voir à l'hôtel de ville dans son fauteuil roulant et me donnait du "monsieur le maire". Venant d'un homme qui haranguait la foule à la gare

Saint-Lazare pendant la guerre, avant de se faire courser par les Allemands dans les couloirs du métro, j'en avais été assez bouleversé. »

Pour Édouard Philippe, la politique implique la mégalomanie. Et la paranoïa. Il ne trouve ça ni bien ni mal ; c'est sa thèse. Il développe : « Moi, je suis orgueilleux, et rancunier. » Quant à la paranoïa, le summum a été atteint quand il dirigeait l'UMP pour Alain Juppé et percevait des complots en tous endroits. À tel point que sa femme Édith a dû siffler la fin des combats. Durant la période Matignon, il transférait la charge mentale de sa psychose sur sa cheffe de cabinet. « Avec Benoît, on l'avait choisie car elle avait la réputation d'être encore plus parano que moi. »

Il n'a pas en revanche pu déléguer la gestion de son orgueil. Il y a mille occasions de pouvoir vérifier que cet homme s'apprécie, mais quitte à passer pour un biographe sans distance, il ne me semble pas prétentieux. Quand je lui fais remarquer un jour qu'il n'accorde plus que des interviews pointues sur la musique classique et sa culture livresque, il me renvoie à mon relativisme : « Vous pensez vraiment que les gens reprochent à des hommes politiques de les impressionner ? »

Édouard Philippe est avant tout un gars sérieux. Je ne dirais pas monstre de boulot, mais simplement sérieux : il se consacre à ses tâches avec astreinte, et notamment celle de l'écriture. Le travail comme analgésique.

Il est aussi un mec drôle, ce qui peut décupler l'agacement chez ses contempteurs. Je me souviens avoir assisté à la visite d'un commissariat aux Ulis, quand il était Premier ministre, où il avait d'emblée mis les flics à l'aise en expliquant pourquoi il boitait : « J'ai joué au foot en début de semaine et je le paie à chaque fois. » Dans ses livres, il blague. Dans les documentaires, il blague. Et même dans les émissions de télévision statutaires, il ne peut s'en empêcher – comme lorsqu'il relève l'incongruité des questions sur l'avenir du capital de L'Oréal en tant que fabricant de shampooings, posées par le chroniqueur économique et chauve François Lenglet.

Édouard Philippe affiche un climat normand. D'humeur relativement égale. Ses colères ne font pas de bruit. Ceux qui sont entrés dans son bureau à Matignon après les démissions de Gérard Collomb ou Nicolas Hulot ont simplement mesuré que le thermomètre affichait – 30° C.

Avec lui, les discussions n'ont pas vraiment de délimitation. On peut évoquer la manière dont de Gaulle a surajouté de la légende à son personnage, chercher les humoristes qui le font rire – il cite Nadine Morano –, disserter sur l'univers kitsch des artistes Pierre et Gilles, s'ébaubir devant les systèmes politiques mis en place par Bonaparte ou l'empereur Constantin, regarder un match de rugby avec ses officiers de sécurité ou une vidéo complotiste où intervient la sociologue Monique Pinçon-Charlot, digresser sur la boutique d'encadrement de sa sœur.

On peut parler avec Édouard Philippe de sa prise de poids, et de son physique : « Je me trouve plus beau maintenant qu'il y a trente ans. Je sais enfin quoi faire de mon corps : la boxe m'a aidé à coordonner mes gestes.» On peut rire en l'entendant crier dans le couloir, avant chacun de nos rendez-vous au Havre : «Alors, elle est où la droite réactionnaire ?» On peut sourire, en lisant un de ses SMS où, rebondissant à l'annulation de mon train, il commente : «Cela valait bien la peine de racheter la dette de la SNCF.» On peut dîner d'un libanais ou de pâtes aux champignons, déjeuner d'un burger ou d'un pique-nique dans son bureau. Avec Édouard Philippe, on peut parler d'histoire et de littérature, impressionnisme et peinture. Quand quelqu'un vient au Havre, il s'inquiète chaque fois de savoir s'il a visité le MuMa.

MuMa, pour musée André-Malraux, en clin d'œil au MoMa new-yorkais. J'ai eu la chance de le visiter avec sa conservatrice depuis 2001, Annette Haudiquet, une femme aux faux airs de la designeuse Andrée Putman. De plain-pied, aux façades transparentes, le bâtiment joue sur la fluidité, la lumière et la vue sur mer. Je rejoins Édouard Philippe, sensible aux études de ciels et de vaches du peintre Eugène Boudin, dont les très nombreux tableaux campent l'exposition permanente, au premier étage du musée.

Boudin parle des lumières du Havre et de l'estuaire de la Seine aussi bien qu'il les peint : *Nager en plein ciel. Arriver aux tendresses du nuage. Suspendre ces masses au fond, bien lointaines dans la brume grise, faire éclater l'azur.*

De 35 000 visiteurs par an en 1995, le musée en reçoit aujourd'hui plus de 140 000, et Édouard Philippe en est fier. Des touristes venus de Honfleur se décident désormais à traverser le pont de Normandie. « L'avant-gardisme de la ville est peu à peu devenu quelque chose de plus partagé. » En 2009, Haudiquet peine à réaliser que le musée de Philadelphie accepte de prêter un Monet.

Les achats et les dons se multiplient. En 2020, un Renoir et un Dufy. Les donateurs de ce dernier, trois fils d'un collectionneur havrais, passent directement par Édouard Philippe pour lancer la procédure. Il s'agit d'un retour à la maison : Dufy, Friesz, sont des enfants du Havre. Braque y arrive tôt dans sa vie. Il revient aussi : en 2019, Florence Malraux a légué un des tableaux signés du cubiste.

Pour l'acquisition d'un Dufy, en 2012, rendez-vous est donné à Philippe dans une galerie parisienne. Le tableau, atypique, magnifique, d'avant sa période fauviste, s'appelle *Fin de journée au Havre*. Une toile à la dimension industrielle et sociale, qui raconte le port, ses grues, les dockers, et un ciel de fin de journée. « Ça me touche d'autant plus que ça concerne un peu ma famille », glisse rapidement Philippe en partant.

Le MuMa se veut musée d'après guerre, musée d'après les horreurs. Face à la mer, à l'entrée de l'anse des Pilotes, « il se veut inspiré par les blessures des invasions, la Seine, le flux, le souffle d'André Malraux », croit Annette Haudiquet. Il bénéficie de l'engouement non démenti pour l'impressionnisme, dont la ville fut le berceau.

Depuis le 1845, le chemin de fer rapproche Le Havre de Paris. Monet, Boudin, Pissaro avaient besoin d'une vie pas chère. Et de sujets : la vie moderne, les plages, les champs de courses, les premiers bains de mer offrent la mobilité et l'impermanence qu'ils cherchent à saisir. Le dernier été de sa vie, en 1903, Pissaro peindra ici vingt-quatre tableaux.

Les riches négociants, souvent venus de Suisse, se révèlent des acquéreurs accueillants vis-à-vis de l'art moderne. En pleine affaire Dreyfus, les mécènes du Havre soutiennent l'anarchiste israélite Pissaro. Pour les cinq cents ans de la ville, en 2017, on fait venir *Impression, soleil levant*, le tableau fondateur du courant. Entre l'appétit mondial pour l'impressionnisme et celui dont sa ville peut désormais se targuer, le maire parle d'un « alignement de planètes ». Renforcé depuis une vingtaine d'années par les legs de la famille Senn.

En 2004, Antoine Rufenacht convoque un jour Annette Haudiquet dans son bureau : « Hélène Senn-Foulds s'apprête à nous faire une importante donation. C'est une amie, il faut que ça se passe bien. » Il y en a pour des millions et des millions d'euros de collection. La bienfaitrice habite rue Guynemer, près du jardin du Luxembourg. 205 œuvres quittent ce jour-là Paris en convoi escorté par la police. Quand elle revient de chez le notaire, et que des déménageurs spécialisés ont fait leur office, la donatrice retrouve un appartement moucheté par les traces, aux murs, de ses tableaux désormais disparus. On appelle cela des fantômes.

Volatilisé, le portrait de Nini Lopez peint par Renoir : ce visage diaphane et serein devant lequel s'agaçait Hélène quand, lycéenne, elle révisait son baccalauréat. C'est violent. Celui-là et les autres, elle les remplacera par des œuvres plus contemporaines. Quelques semaines plus tard, la donatrice vient anonymement au musée du Havre, et paye sa place à l'entrée.

Le 8 juillet 2009, Édouard Philippe est maire depuis un an quand Hélène honore de nouveau sa ville. 42 peintures, 15 dessins, 5 gravures, 5 sculptures. Il découvre à son tour l'appartement d'Hélène rue Guynemer. Philippe s'en veut de ne pas l'avoir invitée du temps de Matignon. Grâce à la rencontre entre Édouard Senn, le père d'Hélène, et son grand-père Charles, sa famille a changé de monde.

Charles s'installe grâce à ses années de promotion sociale dans un des immeubles iconiques d'Auguste Perret, au sein d'un appartement situé au dixième étage, orienté sud-ouest, où la vue sur l'entrée du port hypnotise son petit-fils Édouard. Au sous-sol, il dispose d'une cave très sérieuse, constituée grâce au rachat d'autres caves, où il l'emmène aviser de belles étiquettes de bordeaux. Les palais de la République, de nos jours, se targuent de montrer qu'on y boit les vins les moins prestigieux possibles. Heureusement, Matignon échappe encore un peu à la règle.

Avec Philippe, on boit. Le frigo situé devant son bureau contient, à ras bord, Corona et Pilsner. À l'entrée de son bureau, sur la gauche, dans l'un de ses placards, il s'est aménagé une petite planque à spiritueux. Quasiment exclusivement consacrée aux armagnacs et aux vieux, très vieux, calvados. Certains avec l'étiquette à son nom. « Il y a beaucoup de choses avec lesquelles je rigole, dit-il, mais pas avec l'alcool. »

Avec ses copains, c'est bière sur bière. L'ancien Premier ministre a une théorie assez convaincante : « Il n'y a pas de mauvais alcool, il n'y a que des mauvais vins. » Une Kronenbourg fraîche faisant toujours meilleur effet qu'un rosé trop âcre ou tiède.

Édouard Philippe boit régulièrement le midi, et se désespère de ces déjeuners avec la nouvelle génération de journalistes politiques où tout le monde tourne à l'eau. Quand il retrouve Bruno Le Maire à l'automne 2020, il se quittent en début d'après-midi en ayant honoré une bouteille de blanc. Au Havre, chez lui avenue Foch, avec un Paul Auster de passage, ou en compagnie de Dmitri Medvedev à la table de l'étoilé Tartarin, il soigne le choix des breuvages.

Pour agrémenter nos dîners havrais, je suis majoritairement venu avec des pomerols, dont une Fugue de Nénin 2006 assez magique ; une fois avec le captivant meursault d'Henri Boillot. Ce vigneron aime bien Édouard Philippe, alors je lui avais demandé de m'en dire plus sur ce que nous allions déguster. « Je fais deux premiers crus à Meursault, les perrières et les genevrières. Il y a 80 mètres entre les deux parcelles, mais 80 mètres, en Bourgogne, c'est un monde. Le genevrières que vous allez boire ce soir se révèle moins minéral que l'autre, plus dense, plus aromatique. Il y a des notes d'épices, notamment de poivre blanc. D'une certaine manière, vous lui direz que c'est un vin plus romantique. »

Avec Édouard Philippe, on peut parler de sa peau. Moi aussi je fais du vitiligo. Cela a commencé un jour du mois de mai 2004 à Cannes. Stagiaire pour l'émission de Stéphane Bern *20 h 10 pétantes* diffusée sur Canal Plus, je cours le jour et je sors la nuit. Une tache surgit sur le revers de ma main gauche. Je la fais examiner, une fois rentré à Paris. Ma dépigmentation s'est depuis étendue au pourtour des yeux, à la barbe, aux bras et aux jambes.

Cette pathologie dermatologique a des origines génétiques. Mais le stress ou un traumatisme peuvent être des facteurs déclenchants ou aggravants. J'ai évidemment souvent mentionné cette maladie avec lui. Au détour de conversations à Matignon, ou à travers la dédicace que je lui écris, quand je lui adresse mon livre sur Fillon.

Pendant nos échanges préparatoires à l'écriture de ce livre, Jean-Luc Mélenchon nous donne l'occasion d'aborder une nouvelle fois le sujet. Invité le 11 février 2021 de l'émission *Balance ton post !*, animée par Cyril Hanouna, le leader de la France insoumise évoque un ancien Premier ministre qui « a fini comme le 101e dalmatien ». Ça ne fait pas rire Édouard, que je vois le lendemain. « À la fois, je m'en fous de mon vitiligo, et à la fois, je ne vous l'apprends pas à vous, qui êtes concerné, ça reste une pathologie. La leçon, c'est qu'en France, quand vous êtes un homme blanc de cinquante ans, on peut vous comparer à un chien. »

On peut offrir un cadeau à Édouard Philippe. Ma femme (et le président de la commission de la carte de presse, si je lui avais demandé) avait tenté de m'en dissuader, mais quand les choses viennent naturellement et que le sujet de son livre fête ses cinquante ans, il n'y a pas de raison de se priver. En revanche, c'était bien la peine de lui offrir une cravate : il fait la une du *JDD* cinq jours plus tard col grand ouvert…

Décontracté, ça lui arrive de l'être. Le soir, il téléphone à la terre entière ou regarde *LA Confidential* avec ses enfants. Le jour, il écoute de la musique dans son bureau ou en fait : ancien élève du conservatoire, section percussions, il ne peut s'empêcher de taper en rythme sur les meubles à sa disposition. Il ne peut pas faire du sport si ce n'est pas ludique. Courir sans ballon l'ennuie, sauf sur le front de mer de sa ville. Pendant l'interminable fermeture des salles de boxe, il dormait mal à force de ne plus combattre. Le plaisir ne lui est pas étranger. Celui de contempler la mer ou, plus rarement, de s'arrêter pour regarder un ciel. Mais il ne croit pas au bonheur.

Car, oui, on peut aussi parler du bonheur avec Édouard Philippe. « Je ne crois pas au bonheur, qui est un état. Je crois à la joie, qui est passagère. Mais je suis dans une période de ma vie où je suis très heureux. Mes enfants vont bien. Je les aime. » Paradoxalement, devenir chef de gouvernement l'a détendu. Comme s'il avait perdu en arrogance ce qu'il a gagné en certitude.

Adieu, à Dieu

Son père, Patrick, est mort en 2014, avant d'avoir vu Édouard Premier ministre. Ils se sont longtemps aussi peu parlé que son grand-père avec son père. Il aurait aimé l'emmener en Iran, voilà le principal regret. « Il ne m'a pas vu Premier ministre. Mais il m'a vu maire du Havre et député, c'est déjà pas mal. Je ne crois pas à la réincarnation. Mais je pense à lui tous les jours. Nous avons une belle relation. »

Édouard Philippe ne croit pas en Dieu. Il l'a écrit, répété. Partant de là, qu'est-ce qui le dépasse ?

« Plein de choses. Dans le cœur de l'humanité, je crois qu'il y a une notion d'absolu et d'éternité. C'est pour ça quc j'aime aller dans les églises. C'est pour cela que j'aime le sacré. Mon principe d'explication n'est pas divin. Je ne crois pas en Dieu – ça viendra peut-être –, mais je crois au sacré. Je crois même au fait que ce soit l'homme qui ait créé Dieu, puisque le sacré existe depuis le début de l'humanité. Ce qui ne signifie aucunement de l'irrespect. Je ne suis pas mal à l'aise à la messe. Quand j'y suis, à la traditionnelle cérémonie de la Mer au Havre, ou aux enterrements, ou aux mariages, j'essaie d'écouter ce qu'on me dit. Certains curés sont passionnants : le sermon du pasteur protestant au décès d'Antoine Rufenacht, je peux vous garantir que c'était d'une intelligence, d'une simplicité, d'une profondeur extraordinaires. D'autres sermons n'ont aucun intérêt. D'une manière générale, moi, durant les messes, je pense aux morts. Et parfois à la mienne : la seule chose qui m'angoisse, ce serait de mourir après mes enfants. »

Mon frère, prêtre portant la soutane et célébrant ses messes en latin, serait comblé d'aise en entendant la suite, inattendue : « Je trouve qu'il y a depuis quelques années une forme de désinvolture liturgique. Qui me choque. La guitare à la messe, je n'ai jamais compris. Pour moi le sacré est soit très sobre, tel le dénuement que l'on retrouve dans les monastères, soit très pompeux. »

Initialement, j'avais noté chez lui quelques remarques faciles sur la nullité de l'Église catholique et son rigorisme. J'ai compris après qu'on a connu dans son univers familial élargi des comportements déviants de prêtres. Et que cela avait été mal géré par la hiérarchie ecclésiastique.

Sans savoir cela, je lui ai fait remarquer que je le trouvais anticlérical. « Moi ? Anticlérical ? Au Havre, j'ai des relations très respectueuses avec l'évêque ! Je ne suis pas du tout anticlérical, mais je ne suis pas béat d'admiration devant ce que le clergé a fait de l'Église catholique. Le niveau du clergé français a globalement baissé, je trouve. »

En 1988, il fait partie des spectateurs du film de Martin Scorsese, *La Dernière Tentation du Christ*.

La controverse est telle chez les catholiques qu'un cinéma brûle à Besançon. À Paris, boulevard Saint-Michel, quatorze personnes sont blessées lors d'un attentat dans une salle qui projette le film. Le rigorisme a depuis définitivement changé de camp. Et la violence s'est déplacée : par exemple le dernier week-end de mai 2021, quand l'extrême gauche attaque lamentablement une procession organisée par le diocèse de Paris à Ménilmontant.

Je suis marqué ce week-end-là par les visages des pèlerins insultés et agressés en plein jour, en plein Paris, protégeant les poussettes de leurs enfants des bouteilles de bière que des inconséquents jettent sur eux. On décèle dans le regard de ces catholiques une forme de résignation, de spleen spirituel. Ils se savent dépassés.

Leur attitude me ramène à celle du curé de Saint-Joseph du Havre, le lendemain de l'assassinat de Samuel Paty. En week-end dans la ville, nous sommes alors allés à sa messe avec ma femme. Il y a peu de monde, comme dans presque toutes les églises de France. Qui garnira les fauteuils Perret, une fois que tous ces anciens auront rejoint leurs ancêtres ? On connaît la réponse : personne. Nous nous asseyons au premier rang d'un des côtés de l'octogone. Pas tant pour s'approcher du chœur que pour pouvoir mieux observer par le dessous l'immense clocher central de 107 mètres de hauteur. Il paraît que la descente est bien plus impressionnante que l'ascension.

Dans son prêche, avec beaucoup de modération et de détours, le prêtre barbu d'une soixantaine d'années rappelle qu'il ne faut pas mélanger ce qui relève de César et ce qui relève de Dieu. Il conclut par une citation de l'encyclique *Fratelli tutti* du pape François.

Marqué par ce sermon et ses ambitions fraternelles bien généreuses, je retourne voir le curé de Saint-Joseph. Cette fois en son presbytère. Il m'offre du poisson remarquablement cuit et, dégustant un bourgogne blanc, me dresse l'état des lieux de ce qui reste de l'Église catholique en Normandie.

Il s'appelle le père Petit. Il est né en 1958, au Havre, où il a étudié au lycée Claude-Monet avant de partir suivre son séminaire à Paris. Sa vocation n'a pas été tardive, mais freinée : son supérieur veut l'éprouver, il sera d'abord instituteur avant d'être ordonné et de commencer comme vicaire dans le pays de Caux.

Depuis son ordination, il a vu les prêtres-ouvriers de la JOC disparaître, et les ravages de l'alcool sur une partie du clergé local : un maire qui appelle l'évêque pour l'avertir que M. le curé se trouve au milieu de la place du village ivre mort, cela s'est déjà vu. Le père Petit raconte lui aussi l'évolution du quartier des Neiges. Les dernières années, il fallait se réjouir s'il y avait dix personnes dans l'église. Désormais, on ne la rouvre que pour y célébrer des obsèques.

Ce prêtre appartient à la génération du concile Vatican II, qui s'est achevé en 1963. Un an après, on inaugurait l'autel avant-gardiste de l'église Saint-Joseph. Un autel au milieu du peuple, « symbolisant l'idée que le corps mystique qui entoure l'autel est le même que le corps eucharistique au centre de l'autel ». Cette époque coïncide avec l'abandon des « messes-opéras ».

Contrairement au goût d'Édouard Philippe, il ne faut plus que le culte soit un spectacle grandiose. « Le problème, tempère le père Petit, ce n'est pas Vatican II, ce sont ceux qui ont fait Mai 68 à la place. » Dans son séminaire parisien des Carmes, où les élucubrations intellectuelles prenaient parfois le pas sur la dimension spirituelle, il raconte qu'une photo de Christophe Lambert avait été mise à la place de l'icône de la Vierge Marie.

Il revient sur son sermon du lendemain de la mort de Samuel Paty. « Je suis à la fois pour la liberté d'expression, mais était-il bon de montrer ces caricatures à des enfants de quatrième ? Je suis pour la séparation des pouvoirs ! Oui, avec tout ça, je suis très normand. » Et désarmant. *Frattelli tutti* ? « Je lis dans cette encyclique une élévation, une invitation à chercher le bien commun ensemble. Y compris avec ses ennemis. C'est un dépassement du clivage droite-gauche avec pour point de départ la parabole du bon Samaritain. »

Le tableau général ne fait pas débat : en 1956, il y avait en France 33 % de pratiquants. Aujourd'hui, 3 %. « En étant large. » Le nombre de prêtres a été divisé par cinq entre les années 1960 et maintenant.

Quant à Édouard Philippe, le père Petit l'a « très peu » croisé. Tout juste sait-il sa mère catholique. Et son père franc-maçon. « Il n'a pas choisi… », se corrige-t-il. À vrai dire, qu'on soit catholique ou pas, je m'en contrefiche. Tant qu'on a conscience de la bascule que nous sommes en train de vivre.

Le sens du tragique

Comme je sollicite un jour Charles Hufnagel pour jauger quel degré de prescience son patron accorde au malaise de notre civilisation, ou, à tout le moins, de notre société, il a cette formule : « Édouard n'est pas décliniste, mais cela ne l'empêche pas d'avoir le sens du tragique. »

« Je n'aime pas les déclinistes car ils expliquent qu'on va vers le déclin, confirme son ancien patron. J'aime ceux qui luttent contre le déclin, plutôt que ceux qui le prédisent. Mais je n'aime pas ceux qui n'ont pas le sens du tragique, car l'humanité l'est. Les désinvoltes et les légers m'insupportent. Car les risques sont inouïs. La possibilité de s'effondrer, ou de se défaire, permanente. Mais rien n'impose qu'elle soit nécessaire. De mon côté, j'estime que les périls sont terribles, qu'on peut se mettre dans le fossé cinquante fois, mais qu'on va y arriver. »

À la mi-septembre 2020, Édouard Philippe s'offre une petite polémique à l'occasion d'un discours prononcé dans la banlieue du Havre. « Je pense que nous allons affronter une tempête – économique, sanitaire, une tempête à tous égards –, et peut-être une tempête sociale, peut-être une tempête politique.» Les proches d'Emmanuel Macron le lisent comme une mauvaise prophétie, visant à déstabiliser le Président, bien que le maire du Havre ajoute que ce sont des esprits «ouverts, calmes, et pondérés» qui permettent de gérer au mieux ce type de situation.

Je le relance au printemps 2021 sur cette expression météorologique qui suscite la panique. «Je parle de tempêtes comme une espèce d'évidence. Bien sûr qu'on y va. Un événement comme le Covid aura des conséquences massives. Des gens vont être fragilisés. Le monde de demain sera dangereux, et tant pis pour ceux qui sont trop bêtes pour ne pas avoir envie de le voir.»

Pour montrer qu'il n'y a pas que *Valeurs actuelles* pour prédire le pire, je m'appuie sur une personnalité consensuelle, François Sureau. Nous sommes le 26 mars 2021, et le matin même de cet échange au Havre sur la déliquescence du monde, France Inter reçoit l'avocat et écrivain nouvellement académicien. Venu parler d'Apollinaire, Sureau se voit commenter l'actualité. Parti de l'absurdité des attestations, il exécute ensuite : «On a l'impression d'assister à un effondrement. Qui est l'effondrement de dix ou vingt ans de gestion technocratique de la société. C'est un effondrement comparable à ce que décrit Marc Bloch dans *L'Étrange Défaite* en 1940. Un gouvernement raisonnablement coupable s'en prend à un peuple innocent.»

Sureau et Philippe se connaissent. Le premier a initié le second à la Légion étrangère. Le second lit le premier, le sait visiteur de l'Élysée et souffleur d'Emmanuel

Macron. Philippe s'agace parfois, comme conducteur du pays, de sentir quelqu'un donner avec brio son avis plutôt que de prendre le volant. Quant à Marc Bloch, c'est peu dire qu'il s'agit d'une vieille connaissance de l'ancien Premier ministre. Il a fait partie de ceux, qui, à l'ENA en début de scolarité, ont ferraillé toute une nuit du week-end d'intégration pour que la promotion soit baptisée de ce nom, et non de celui de son concurrent, Machiavel. Philippe cite si souvent Marc Bloch que son auditoire lui fait remarquer quand cela n'advient pas.

L'Étrange Défaite est un livre mythique de l'historien exécuté par la Gestapo en juin 1944. Il narre la capilotade française au début de la Seconde Guerre mondiale; ce qu'on a plus pudiquement appelé «la campagne de». Marc Bloch écrit ce livre en moins de trois mois, entre juillet et septembre 1940. Outre son témoignage personnel, il décrit les inepties du commandement, de sa bureaucratie, et règle son compte à la IIIe République.

Juif qui disait ne se sentir juif que face à un antisémite, Français furieux face à une France ramollie au moment où il faut faire la guerre aux Allemands, homme d'une érudition folle chez qui le savoir ne sert à rien s'il n'enclenche pas l'action, Marc Bloch était aussi un militaire navré par son état-major, qu'il accusait de «jouer à colin-maillard» plutôt que de trouver une stratégie face au blitzkrieg ennemi. Patriote éternel ne respirant jamais aussi bien que «sous le ciel de France», soldat hanté par le fait d'avoir déjà vu le visage d'enfants fuyant les bombes, suppliant par leur regard que les adultes les protègent, l'historien politiquement proche du Front populaire synthétise une forme de mystique française avec sa célèbre formule que l'on retrouve dans *L'Étrange Défaite* : *Il est deux catégories de Français qui ne comprendront jamais l'histoire de France : ceux qui refusent de vibrer au sacre de Reims ; ceux qui lisent sans émotion le récit de la fête de la Fédération.* Marc Bloch parle de ses compatriotes avec sophistication, amour et élégance. Il prévient ses élites par cette phrase délicieuse et émouvante : *Notre peuple mérite qu'on se fie à lui et qu'on le mette dans la confidence.*

Face à cette analogie proposée par Sureau sur France Inter, Édouard Philippe effectue d'abord un mouvement de retrait : « La différence entre la période de *L'Étrange Défaite* et aujourd'hui, quelqu'un d'intelligent comme François Sureau doit le savoir, est qu'il ne paraît pas absurde de penser que les militaires doivent être préparés à la guerre. Or, l'épidémie, nous ne l'avons pas vue venir. »

Puis l'élève de la promo Marc-Bloch se déshabille complètement. « *L'Étrange Défaite*, c'est mon angoisse absolue depuis que je l'ai lu, enfant. Je vous garantis que quand j'étais Premier ministre, tout ce que j'ai fait était corroboré à l'idée de me battre et de ne jamais sombrer dans le calque de *L'Étrange Défaite*. »

Au bout de trois ans à Matignon, a-t-il le sentiment d'être parvenu à transformer la France ?

« Non. Par ailleurs, je n'ai pas envie de la transformer puisque je l'aime. En revanche, comme elle ne fonctionne pas, j'ai envie de la réparer. J'aurais aimé réparer son système de retraites. Pourquoi je veux réduire les déficits ? Parce que je veux investir. Pourquoi je veux arrêter les dépenses sociales dynamiques et insupportables ? Parce que je veux consacrer des moyens à des choses dont on a besoin. Je ne suis pas un comptable, moi ! Je ne suis pas un orthodoxe budgétaire. Je veux juste que l'argent aille à des endroits stratégiques. »

Je me permets de le couper. « C'est quand même dingue ce hiatus : vous vous prévalez d'être anti-bureaucratie, mais vous êtes catalogué comme techno. Au fond, vous n'avez pas envie que la France soit gérée par des hauts fonctionnaires ? » Il rétorque : « Non, pas du tout. Je veux que la France soit gérée par des politiques, qui prennent des décisions. Qu'une fonction publique de qualité applique ces décisions. J'ai besoin que les fonctionnaires me proposent des solutions. Et de ne pas les accepter quand elles ne sont pas acceptables. Mais quand je n'ai pas d'avis, j'ai besoin que des gens me proposent des solutions. À la fin de la fin, si je ne suis pas décliniste, c'est que je crois qu'en France surgit le meilleur quand nous sommes confrontés au pire. »

Il poursuit : « Le grand sujet qui m'inquiète depuis que je suis sorti du gouvernement, c'est la masse critique de gens, dans la structure politique, qui ont la même base de culture générale. Des gens qui, quand on dit un mot ou un concept, entendent la même chose. Ce qui est indispensable pour gouverner : vous ne pouvez pas gouverner seul. Vous avez besoin d'une structure intellectuelle commune. Normalement, ce sont les partis qui font ça. Mais ils n'existent plus, ne pensent pas, et ne servent même plus à faire de la sélection.

L'enjeu pour la suite, c'est de fournir une grammaire intellectuelle commune à ceux qui ont vocation à gouverner ensemble. Cela n'a pas été fait avant 2017 : les différents membres de la majorité se sont retrouvés sur une aspiration commune, sur une volonté. Sur des engagements. J'ai gouverné quasi sans parti. Mais je continue à croire que c'est ce qui structure la vie politique.»

À défaut de pouvoir s'appuyer sur La République en marche, Édouard Philippe gouverne la France en s'inspirant de modèles. Georges Pompidou, Raymond Barre, Pierre Mauroy. Des Premiers ministres à surface, qui comptent. Qui font autorité. Qui protègent de temps en temps leur président de la République. Et qui parfois deviennent président de la République : «Pompidou, c'est mon modèle, car c'est un équilibre entre une forme d'enracinement, d'identité, et une aspiration à la modernité.» Si Pompidou a connu Matignon avant d'accéder à l'Élysée, l'homme qui se réclame aujourd'hui de lui persiste à penser qu'il y a un monde entre gouverner et présider.

«Pour parler comme Fillon, quand vous êtes dans un rallye, si le pilote jette en permanence un coup d'œil sur la carte du copilote, vous êtes sûr de vous mettre dans le fossé. C'est évident. Depuis Nicolas Sarkozy, tous les présidents pensent l'inverse. Pourquoi ont-ils fondu un caramel ? Sans doute parce qu'ils n'ont pas assez réfléchi aux institutions de la Ve République. Je veux bien commettre le péché de présomption et d'arrogance, mais je pense qu'ils se trompent et que j'ai raison. Le président ne doit pas écraser le Premier ministre. En le laissant gouverner, il s'ouvre même des marges de manœuvre considérables. Les gens n'imaginent pas à quel point c'est dur d'être président de la République. Ils n'imaginent pas ce que cela implique. Quand je vois certains postuler, je me dis parfois que cela relève de la folie… »

Si Édouard Philippe apprécie l'ancien Premier ministre du Royaume-Uni Benjamin Disraeli, ce n'est pas par passion pour le XIXe siècle britannique, mais plutôt parce qu'il trouve là un personnage non seulement romanesque, libre, hardi, et néanmoins fidèle à la reine. Aux ascendances modestes et au destin plein d'ambitions. Idéologiquement à la fois conservateur et libéral. Son « en même temps » à lui.

Cet attrait pour les fragrances nimbées de nuances constitue une des matrices du philippisme. Il suffit pour s'en convaincre de relire l'e-mail d'adieu de Benoît Ribadeau-Dumas aux collaborateurs de Matignon : « N'oubliez jamais que notre pays est formidable. Épuisant quand il préfère analyser *ad nauseam* ce qui va mal plutôt qu'agir et s'appuyer sur ce qui va bien. Triste quand il sombre dans la facilité. Mais formidable, de beauté, de richesses, de capacités de rebond quand on le croit las et fatigué. Je vous avais dit il y a trois ans que nous sortirions forcément d'ici les pieds devant, comme l'immense majorité de nos prédécesseurs, et que ce ne serait pas grave. J'avais tort : le pari que notre PM a fait de toujours s'adresser à la majorité raisonnable, au-delà des clivages, a payé, et il sort d'ici reconnu à sa juste valeur, alors que les épreuves n'ont pas manqué, et que le moins qu'on puisse dire, c'est que nous n'avons pas cessé de réformer. C'est le résultat d'un peu de chance, de votre excellent travail, de son talent, de sa sincérité et de son refus de la facilité. Pour moi, qui n'avais pas besoin de cela pour connaître ses qualités, c'est d'abord une grande source d'optimisme pour l'avenir du pays et son profond bon sens.»

J'aimerais sincèrement que BRD ait raison sur le fond. À l'occasion d'un déjeuner commun après son départ de Matignon, il développe plus avant sa pensée : «Oui, il y a des endroits de l'appareil d'État qui se délitent. Comme un château-fort avec des tours qui tombent, mais même quand des Gilets Jaunes ont saccagé l'Arc de triomphe, je n'ai n'a pas cru en l'effondrement.»

Lors de mon ultime rendez-vous au Havre, à peine reparti du bureau d'Édouard Philippe après un déjeuner, j'apprends dans la voiture que Stéphanie, une malheureuse fonctionnaire de police à l'accueil du commissariat de Rambouillet, a été égorgée. Quelques jours plus tard, Éric, un policier trentenaire, père de deux petites filles de sept et dix ans, meurt assassiné. À cette heure-là, elles doivent l'attendre. Peut-être ont-elles déjà pris leur bain. Mais à 18 h 30, dans une rue du centre-ville d'Avignon, un dealer de seconde zone tire sur leur papa, avant de prendre la fuite en trottinette. Dans la foulée, Mounir B. brûle vive son ex-femme à Mérignac, à qui il reproche de porter des jeans et d'aller au café. La place Stalingrad à Paris s'est transformée en plaque tournante du crack. Des villes de taille moyenne, comme Beauvais ou Châteauroux, s'embrasent. Les policiers et les militaires doutent dans des tribunes de leur hiérarchie et du degré de protection que leur offre l'État. Et tout cela en à peine quelques jours.

Même un élu écologiste a appelé Édouard Philippe pour lui dire : « L'heure est grave, il faut unifier la nation. »

Lui se retranche encore une fois derrière l'histoire, cette matière qu'il aurait pu enseigner s'il n'avait choisi un autre métier. Il aurait rêvé vivre au temps d'Agrippa et de Constantin. L'histoire et sa profondeur, l'histoire et son relativisme. « La droite pense que l'histoire est un point de départ et que c'est figé. La gauche pense que l'histoire est l'arrivée et que c'est figé. Moi je crois au mouvement : l'histoire est faite de cycles. Si vous prenez l'échelle du siècle, sommes-nous dans le pire d'entre eux ? Vient toujours celui de la lumière. Molo sur les bases… »

Scopello

Depuis la terrasse du Quetzal, on domine cet immense golfe bleu ; celui qui donne à la carte de la Sicile, dans sa partie nord-ouest, un air de pays croqué. En contrebas, les rues serrées de Castellammare del Golfo glissent en pente douce vers le port. Plus à l'est et au loin, une interminable plage accueille l'hôtel La Battigia, où Léonard Philippe et son papa, homme politique, ont résidé il y a plusieurs années lors d'un séjour père-fils. De mon côté, je me suis installé à moins de 10 kilomètres sur les hauteurs de Scopello, à l'exact opposé. Si Édouard Philippe choisissait sa vie, il s'installerait quelque part par là. Ce serait sa tentation de Palerme.

La Sicile regarde la Tunisie : il suffit de nager tout droit depuis Marsala pour rejoindre Bizerte. Elle se tourne ensuite vers la Libye et la mer Ionienne. À l'heure du coucher du soleil, sur la terrasse de l'hôtel Pocho, dans la commune isolée – un peu désolée – de San Vito Lo Capo, il n'y a qu'à fermer les yeux pour deviner sans peine la Sardaigne derrière l'horizon.

Édouard Philippe ne compte plus les fois où il est venu en cette terre par lui vénérée et fantasmée.

Sa sortie de Matignon coïncide avec les dix ans de sa fille Sarah. Il l'emmène à la fin du mois de juillet 2020, durant une semaine, faire le tour du sud de l'île en Fiat 500, avec haltes à Syracuse et Raguse. Tout le monde le prévient : en se levant de son siège de Premier ministre, il va connaître un phénomène de décompensation. Une fatigue extrême due au relâchement de la tension va l'envahir. Ses jambes tout comme son esprit seront lourds. Il sourit : « Ça ne s'est jamais produit. »

J'ai rendez-vous le 10 mars 2021 au téléphone avec lui. Il vient de dévoiler sur son compte Instagram la couverture, classieuse, de son prochain livre. Avant qu'il enchaîne avec ses rendez-vous, nous devons organiser ce voyage dans cette Sicile bleue et accidentée.

Lui y vient pour lire, une autobiographie de Tony Blair ou un roman d'espionnage. Je m'y rends pour écrire. Vous ne croiserez pas ici l'ancien Premier ministre sur l'*autostrada*. Il ne roule que sur les petites routes, allongeant ses trajets et ses souvenirs. Je m'y plie à mon tour.

La Sicile impose aux touristes des dilemmes de félicité. Faut-il, par exemple, visiter ce petit bijou de village baptisé Noto ? « Il y a un aspect Disneyland, mais ce serait dommage de ne pas s'y attarder. » Faut-il aller à l'hôtel ou louer une maison ? Les Philippe tentent les deux. Faut-il se rendre à Corleone ? « Non, cela ne présente pas un immense intérêt. En dehors du fait que le maire vient de démissionner, après s'être fait illégalement vacciner. »

Celui du Havre chérit la Sicile pour sa beauté et sa lumière, son atmosphère « déglinguée » de région aux façades d'immeubles qui mériteraient d'être ravalées. Les ordures au bord des virages ne suffisent pas à le détourner des panoramas grandioses et d'une géologie diversifiée à souhait, où se mêlent le minéral volcanique, le marbre polychrome et le jaspe bourré de silice.

Si cela dit quelque chose d'un homme politique de passer ses vacances à Saint-Tropez ou en Bretagne, la Sicile indique, à propos de son visiteur, qu'il ne s'arrête pas aux défauts visibles. Les villages n'ont rien de bourgeois, ni même de propre, tout en étant spectaculaires. Devant chaque monument décati, je tente d'imaginer Édouard Philippe le commenter pour ses enfants.

Comme partout, il s'arrête dans les églises : et il y en ici plus que partout ailleurs. À Palerme, elles logent parfois au même endroit que les mosquées. La chapelle Palatine, au cœur du palais des Normands, se trouve être un des lieux que l'ancien Premier ministre préfère sur terre.

Édouard Philippe guide : « Remontez la via Vittorio Emanuele, et laissez la cathédrale qui abrite les tombeaux de Roger II et Frédéric II sur votre droite. Une fois sur l'esplanade du Palazzio di Normani, l'entrée sera sur votre gauche. »

J'y pénètre trois mois plus tard, monte les larges marches, file sous les arceaux du cloître du premier étage. La voici, cette chapelle qui résume à elle seule le mystère sicilien. Je me souviens de son avertissement : « Il y a deux endroits dans le monde où j'ai le souffle coupé : le Mont-Saint-Michel et la chapelle Palatine. »

Comment ne pas reconnaître la singularité de cet édifice, consacré un jour de dimanche des Rameaux de l'an 1140, couvert de mosaïque dorée, où deux gigantesques christs, dont l'un pantocrator, se font face ? Plusieurs civilisations se superposent en une seule petite nef d'inspiration romane, byzantine et normande. Les chapiteaux corinthiens et l'interminable cierge pascal en marbre étourdissent autant que les pavements et leurs ornements. L'Orient et l'Occident fondus en une même fresque.

On devine Édouard Philippe en train de se convaincre des possibilités du multiculturalisme en pareil édifice. De renvoyer les patriotes d'aujourd'hui à leur identité qu'on caricature toujours comme étriquée. D'arroser de modestes contemporains, pessimistes, se sentant simplement réalistes, de son optimisme sophistiqué. Il tient là un argument flamboyant pour nourrir son obsession de modération. Cessez de pleurer sur l'Europe et admirez la Sicile, l'entendrait-on presque dire.

En contemplant le plafond de bois travaillé, purement arabe, et le plan latin de cette catholique chapelle Palatine, en traversant la Sicile du nord au sud, en s'asseyant sur la pierre des amphithéâtres romains et en faufilant son regard entre les colonnes des temples grecs, Édouard Philippe s'immerge méthodologiquement dans l'histoire de cette île, faite de sédimentations et de successions, de moments où rien ne ressemble à ce que l'on sait de l'époque.

De par sa situation entre l'Europe et l'Afrique, voisine de l'Empire ottoman, la Sicile joue le rôle d'une chambre de compensation. Disputée et envahie plus souvent qu'à son tour, elle a vu Hannibal et ses Carthaginois la conquérir, ainsi que les Vandales venus du froid, les Goths, des émirs redoutables, des Espagnols, une dynastie germanique, ou des despotes déguisés en consuls romains. Grâce suprême pour un Édouard Philippe déjà envoûté par le tournis de ces influences, à partir d'un XIe siècle considéré comme son âge d'or, elle fut normande.

« Une bande de types font beaucoup d'enfants, n'ont pas assez de terres pour manger, et partent des confins de l'Orne, partent des confins de la Manche et de l'Orne. Puis l'un d'eux, Roger II, devient roi de Sicile, roi oint par le pape. En moins de cent ans ! Ils font preuve d'un sens politique inouï. Ils imposent une forme de monarchie absolue, tout en faisant preuve d'ouverture intellectuelle. »

Philippe fait là référence au syncrétisme d'un roi, Roger II, à qui Tancrède de Hauteville, baron nomade venu du Cotentin, avait ouvert la voie. Impressionné par l'art musulman, Roger II voit son tempérament politique sublimé, après une vacance du pouvoir, par son successeur, Frédéric II. Lequel, fils de Constance de Hauteville et de l'empereur Henri VI, s'affirmera comme le chantre le plus ardent de l'œcuménisme, prenant soin de ne fermer ni mosquées ni synagogues. « À la fois expansionniste et souverain ayant appris l'arabe, il ira encore plus loin », admire notre ancien Premier ministre.

Frédéric II parle en réalité six langues, le sicilien inclus. Il mène en 1228 la seule croisade pacifique de l'histoire pour reconquérir les lieux saints de la chrétienté. Adulé de son vivant, il a pour surnom latin *Stupor Mundi*, la « stupeur du monde ». À sa mort, l'un de ses fils écrira au sujet de son père défunt ces mots : « Le soleil du monde s'est couché, qui brillait sur les peuples, le soleil du droit, l'asile de la paix. »

En tant qu'empereur du Saint Empire, il correspond en tous points à ce qu'Édouard Philippe admire en Rome : « On y accorde la citoyenneté à ses habitants. Tout le monde ne parle pas le latin. Différentes religions coexistent. L'art des empires consiste à laisser subsister des différences. Durant l'Algérie française, les Algériens ne votaient pas au suffrage universel. » Les rois normands furent également des monarques absolus. Autoritaires. Bien souvent brutaux.

Comme à Oran ou à Marrakech, on trouve à Mazara del Vallo une kasbah. La ville se situe sous Trapani, capitale de la Sicile dite africaine et désormais port d'arrivée des migrants tunisiens, sur la côte occidentale de l'île. Plus au nord, on croirait les rochers de la Tonnara di Scopello importés de la baie d'Halong, quand, un peu plus loin, les salins de Marsala offrent, comme à Maras au Pérou, la possibilité pour le ciel de se regarder dans un miroir. Traversant l'intérieur des terres en juin 2021, des pluies dodues s'abattent sur le pare-brise de ma voiture de location. Elles font dire au maire du Havre, auprès de qui je m'en ouvre : « N'oubliez jamais qu'elle est aussi normande. »

J'en ris, autant que je m'imprègne de la thèse de John Julius Norwich. Comme à tout visiteur de son île préférée, Édouard Philippe recommande la lecture de l'écrivain anglais. Or, pour ce dernier, les Siciliens sont tristes. « La tristesse, peut-être, d'une belle femme trop souvent trahie et qui n'est plus prête pour l'amour ou le mariage. » Après que trop de peuples et d'identités « ont laissé sur elle leur empreinte ».

Comme si tout cela devait mal se terminer. Comme s'il fallait ne pas seulement se laisser happer par la magnificence des églises, le raffinement des mosquées, la puissance des vestiges grecs et le charme des vallées. Le philippisme, en contemplant le soleil sicilien plutôt que l'hiver français, traduit-il un optimisme ou un snobisme ?

Le sujet de ce livre ne croit pas en Dieu, mais la dernière question qu'il m'a transmise, avant que l'avion ne décolle de Palerme pour Paris, nécessite d'avoir la foi. Une question pour nos civilisations, pleine d'espérance, autant que de vertige et de doute.

« C'est miraculeux, non ? »

Remerciements

À Valentine, mille fois.

Table

La photocomposition de cet ouvrage
a été réalisée par
GRAPHIC HAINAUT
30, rue Pierre Mathieu
59410 Anzin

CET OUVRAGE
A ÉTÉ ACHEVÉ D'IMPRIMER
SUR ROTO-PAGE
PAR L'IMPRIMERIE FLOCH
À MAYENNE EN AOÛT 2021

N° d'édition : 62769/01 – N° d'impression : 98854
Imprimé en France